CRÍTICA DA ESTÉTICA
DA MERCADORIA

FUNDAÇÃO EDITORA DA UNESP

Presidente do Conselho Curador
Herman Jacobus Cornelis Voorwald

Diretor-Presidente
José Castilho Marques Neto

Editor-Executivo
Jézio Hernani Bomfim Gutierre

Conselho Editorial Acadêmico
Alberto Tsuyoshi Ikeda
Áureo Busetto
Célia Aparecida Ferreira Tolentino
Eda Maria Góes
Elisabete Maniglia
Elisabeth Criscuolo Urbinati
Ildeberto Muniz de Almeida
Maria de Lourdes Ortiz Gandini Baldan
Nilson Ghirardello
Vicente Pleitez

Editores-Assistentes
Anderson Nobara
Henrique Zanardi
Jorge Pereira Filho

WOLFGANG FRITZ HAUG

CRÍTICA DA ESTÉTICA DA MERCADORIA

Tradução
Erlon José Paschoal

Colaboração
Jael Glauce da Fonseca

1ª reimpressão

Copyright © 1971 by Suhrkamp Verlag
Título original em alemão: *Kritik der Warenästhetik*.

Copyright © 1996 da tradução brasileira:
Fundação Editora da UNESP (FEU).

Praça da Sé, 108
01001-900 - São Paulo - SP
Tel.: (0xx11) 3242-7171
Fax: (0xx11) 3242-7172
www.editoraunesp.com.br
www.livrariaunesp.com.br
feu@editora.unesp.br

Dados Internacionais de Catalogação na Publicação (CIP)
(Câmara Brasileira do Livro, SP, Brasil)

Haug, Wolfgang Fritz, 1936-
    Crítica da estética da mercadoria / Wolfgang Fritz Haug; tradução Erlon José Paschoal; colaboração Jael Glauce da Fonseca. - São Paulo: Fundação Editora da UNESP, 1997. - (Biblioteca básica)

    Título original: Kritik der Warenästhetik.
    Bibliografia.
    ISBN 85-7139-155-6

    1. Estética 2. Moda e arte 3. Produtos comerciais 4. Sensualidade I. Paschoal, Erlon José. II. Título. III. Série.

97-3350   CDD-306.4

Índice para catálogo sistemático:
1. Estética da mercadoria: Sociologia 306.4

Editora afiliada:

Asociación de Editoriales Universitarias
de América Latina y el Caribe

Associação Brasileira de
Editoras Universitárias

Para Frigga

*"Ihr werdet die Früchte nicht
mehr am Geschmack erkennen."
("Vocês não reconhecerão mais
as frutas pelo sabor.")*

Brecht, *Der Dreigroschenproze*

SUMÁRIO

13   Prefácio

19   Nota para a 5ª edição

Primeira parte

23   1 A estética da mercadoria e sua origem na contradição da relação de troca

28   2 Estímulos fortes como instrumentos de interesse de valorização no capitalismo comercial

30   3 Galanteio amoroso, luxo da nobreza e êxtase burguês com lucidez; chocolate, chá, tabaco, café

33   4 A produção em massa no capitalismo e a questão da realização – a estética da mercadoria de massa

36   5 O primeiro efeito e ao mesmo tempo o instrumento de monopolização: monopolização estética de um valor de uso ("marca") – proximidade com a falsificação de mercadorias; lutas por e com a ajuda de nomes; Rosy contra Rosy-Rosy; concorrência entre imagens; a concepção de Helmut Schmidt sobre a disputa política como mera concorrência de impressões; Goebbels como técnico de marcas

46   6 A irrealidade da estética da mercadoria em contraposição à realidade do brinde comercial; furto em lojas como inversão para o brinde comercial à própria custa

| 52 | 7 Segundo efeito da monopolização: inovação estética – o que está em uso torna-se antiquado; Largue o velho, pegue o novo! os discos velhos são chatos! as gravatas tornam-se mais largas; a saída da confecção masculina da crise de 1967: quem usa cinza é covarde; adolescentes como clientes ideais, por conseguinte a obrigação de ser jovem |

Segunda parte

67	1 Tecnocracia da sensualidade em geral
70	2 A posição elevada da mera aparência no capitalismo
72	3 Abstração estética, prelúdio filosófico
74	4 Abstração estética da mercadoria: superfície – embalagem – imagem publicitária
76	5 A aparência apresentada como imagem refletida do desejo, na qual caímos
79	6 Valores de uso corruptores, sua repercussão na estrutura das necessidades
81	7 A ambiguidade da estética da mercadoria segundo o exemplo da utilização da aparência sexual

Terceira parte

89	1 O diálogo no ato da venda – a máscara característica de compradores e vendedores
95	2 A padronização dos vendedores
100	3 Ponto de venda, concretização da venda e dissolução da mercadoria numa vivência sensível; compra por impulso e distração do público
105	4 A padronização do mundo dos compradores; a roupa como embalagem; a linguagem do amor; cosméticos; a extinção e a mudança de função do odor do corpo
112	5 A padronização dos homens – cosméticos para homens; roupas diariamente limpas; a imagem do masculino; a entrada do pênis no palco das mercadorias

CRÍTICA DA ESTÉTICA DA MERCADORIA 11

122 6 As tendências da padronização da sensualidade – gênese sociológica do rejuvenescimento obrigatório; a atuação dos encantos juvenis; paisagem residencial como paisagem sexual, na qual não se pode envelhecer, mas apenas morrer

130 7 Estética da mercadoria, significado amplo – Hush Puppies e a divulgação de uma raça de cães; sujeito-objeto constituídos conjuntamente pela estética da mercadoria; história natural do capitalismo

Quarta parte

149 1 A influência da estética da mercadoria sobre a classe trabalhadora

155 2 Comparação com o socialismo visando esclarecer o aspecto capitalista especificamente monopolista da estética da mercadoria; a atuação da estética da mercadoria no socialismo

158 3 As determinações do destino instintivo social mais genérico, derivadas das relações de produção privada de mercadorias: ruptura da sensualidade e fascinação estética

167 4 Práxis coletiva da indústria da ilusão no capitalismo

173 5 A arte em posse do capital e a seu serviço (I): a poesia mercantil da propaganda, em contraposição à antipropaganda impotente dos poetas

178 6 A arte em posse do capital e a seu serviço (II): a representação do capital individual

183 7 A encenação e a representação no nível estatal e social amplo – por exemplo, o fascismo como socialismo aparente

Apêndice

193 1 Resposta a uma pesquisa do Centro Internacional de Design

195 2 De um posfácio para a edição sueca

202 3 Explanação sobre a derivação econômica e a contraditoriedade da estética da mercadoria

PREFÁCIO

A *Crítica da estética da mercadoria* traz uma contribuição para a análise sociológica do destino da sensualidade e do desenvolvimento das necessidades no capitalismo. Ela é crítica por descrever a forma de funcionamento de seu objeto, bem como as condições de sua possibilidade, a sua contraditoriedade e os seus desdobramentos históricos. Ela não deve simplesmente aumentar em mais um o número de escritos refutáveis sobre propaganda, manipulação etc. Nessa área literária tem predominado o método de tirar conclusões, quase sempre analógicas, de manifestações superficiais de traços sociais essenciais aceitos como fundamentais. Uma tal teoria fica em parte presa à aparência superficial, que ela absolutiza em afirmações sobre a essência, e em parte estabelece frequentemente relações imediatistas entre as manifestações isoladas e um todo especulativamente aceito. Por conseguinte, ela não consegue distinguir entre os efeitos ocultos de determinados processos e a atuação produzida intencionalmente, ou até mesmo sub-repticiamente, por um sujeito pouco evidente. O autor não precisa ir muito longe para encontrar exemplos de uma teoria assim tão discutível. Em meu ensaio "Sobre a estética da manipulação", esses equívocos ressaltam de modo tão nítido que certas passagens tornam-se cômicas. Ao escrever esse ensaio, esforcei-me sobretudo para agir como se simplesmente estivesse informado sobre o "todo". Portanto, abordei manifestações isoladas interpretando suas características, diretamente a partir de uma teoria do todo. Apesar disso, este primeiro ensaio – no qual aliás surgiu fortuitamente o conceito "estética da mercadoria" – já possuía uma concepção que ainda não ocorrera naquela "teoria crítica" que a princípio tanto me impressionara. Tal concepção deveria ser chamada de crítica da manipulação, que consistiria na pesquisa sobre as condições dos possíveis efeitos da manipulação – firmando assim uma posição contrária. A manipulação, porém, só pode ocorrer se ela "de algum modo, encaixar-se nos interesses 'objetivos'" dos indivíduos manipulados. "As massas", afirmei, "são manipuladas por força de seus próprios interesses. Por isso, os fenômenos manipulativos falam sempre a língua de interesses reais, ainda que como língua estrangeira de interesses alienados e desfigurados, portanto, irreconhecíveis". E em uma frase resumo esse postulado, que contém *in nuce* um programa de pesquisa e uma perspectiva política: "A objetividade da felicidade e do sofrimento fundamenta também a da manipulação".[1] Somente uma crítica que se atenha a esses elementos pode tornar-se negação definida no sentido de saber os seus intentos e conhecer os seus aliados.

A teorização superficial e "do ponto de vista dos fenômenos acabados" (Marx) depara, na verdade, com uma riqueza de manifestações empíricas que podem parecer frequentemente muito interessantes, mas ficam em sua conceituação mais ou menos abandonadas ao seu objeto. "De fato é muito mais fácil", observou certa vez Marx a respeito do método da crítica da religião, "descobrir por meio da análise o núcleo terreno da nebulosa formação religiosa do que, ao contrário, revelar as suas formas celestiais com base nas condições reais da vida cotidiana. É esse o único método materialista e, portanto, científico."[2] O texto a seguir aplica o método de desenvolver os fenômenos a serem pesquisados com base nas relações econômicas fundamentais. Ao mesmo tempo, ele precisa elevar-se do elementar-simples para o complicado-composto. Por isso, começa deduzindo os seus conceitos da análise da troca simples. E acompanha o desenvolvimento dos pontos de interesse e das funções existentes no cerne da relação de troca até as respectivas formações do capital monopolista. E termina lançando o olhar para uma área adjacente ao fazer uso do elemento estético para esboçar a legitimação do poder estatal, a partir do exemplo do fascismo como socialismo aparente. A pesquisa segue, portanto, em muitos aspectos, o desenvolvimento – caso queiram – da base para a supraestrutura.

Embora Marx só tenha abordado de passagem a relação aqui analisada – excetuando algumas observações extremamente brilhantes, contidas nos *Manuscritos parisienses* – sem analisá-la em texto algum, os

CRÍTICA DA ESTÉTICA DA MERCADORIA 15

conceitos e as análises funcionais sobre os quais se assentará o texto seguinte já aparecem prontos em *O Capital*. Não simplesmente descrever, classificar ou interpretar as manifestações do empírico, mas sim deduzi-las da base econômica tem, contudo, também no campo da estética da mercadoria aquela consequência sobre a qual Engels chamou a atenção do leitor inglês de *O Capital*. "Entretanto, há uma dificuldade da qual não podemos poupar o leitor: o emprego de certas expressões com um sentido diferente de seu uso, não só na linguagem coloquial, como também na economia política habitual." A teoria econômica burguesa "em geral deu-se por satisfeita em utilizar as expressões da vida comercial, tais como eram e operar com elas, deixando passar completamente despercebido que ela se restringia ao círculo estreito das ideias expressas por tais palavras".[3] O desdobramento desses fenômenos, a sua evolução, produz uma linguagem diferente daquela que eles falam por si mesmos.

No nosso caso foi inevitável introduzir uma terminologia nova que permitisse exprimir as manifestações sensíveis em sua forma e função econômica específicas. As expressões, que serão definidas no decorrer da pesquisa, são, por exemplo: "abstração estética", "tecnocracia da sensualidade", "promessa estética do valor de uso" e "inovação estética". A introdução dessas expressões como instrumentos de análises, em dois ensaios de 1969/1970,[4] foi, sem dúvida, bem-sucedida, uma vez que já foram utilizadas em uma série de dissertações e discussões. O conceito mais abrangente aqui introduzido terminologicamente é o próprio conceito de "estética da mercadoria". Ele designa um complexo funcionalmente determinado pelo valor de troca e oriundo da forma final dada à mercadoria, de manifestações concretas e das relações sensuais entre sujeito e objeto por elas condicionadas. A análise dessas relações possibilita o acesso ao lado subjetivo da economia política capitalista, na medida em que o subjetivo representa, ao mesmo tempo, o resultado e o pressuposto de seu funcionamento. Uma vez que as manifestações aqui abordadas são deduzidas do contexto funcional básico da produção de mercadorias, a *Crítica da estética da mercadoria* distingue-se não somente das teorias que, partindo dos fenômenos, querem logo interpretar o todo, mas também das explanações que – frequentemente sem deduzir – tratam as manifestações isoladas em si, retirando-as do complexo da estética da mercadoria – a propaganda e o *design*, por exemplo; desse modo nem mesmo se conceitua a manifestação isolada escolhida.

Utilizo o conceito de estético de um modo que poderia confundir alguns leitores que associam-no firmemente à arte. A princípio, uso-o no sentido *cognitio sensitiva* – tal como foi introduzido na linguagem erudita – como conceito para designar o conhecimento sensível. Além disso, utilizo o conceito com um duplo sentido, tal como o assunto exige: ora tendendo mais para o lado da sensualidade subjetiva, ora tendendo mais para o lado do objeto sensual. Na expressão "estética da mercadoria" ocorre uma restrição dupla: de um lado, a "beleza", isto é, a manifestação sensível que agrada aos sentidos; de outro, aquela beleza que se desenvolve a serviço da realização do valor de troca e que foi agregada à mercadoria, a fim de excitar no observador o desejo de posse e motivá-lo à compra. Se a beleza da mercadoria agrada à pessoa, entra em jogo a sua cognição sensível e o interesse sensível que a determina. A transformação do mundo das coisas úteis desencadeou forças instintivas e meios determinados por suas funções, que padronizam completamente a sensualidade humana ao mundo das coisas sensíveis. Por isso, "padronizar a sensualidade" é mais uma expressão terminológica que articula uma questão central da pesquisa. Recebi os estímulos para assim dimensionar essa questão de Norbert Elias, que em sua teoria sobre o "processo da civilização"[5] pesquisou as fases de desenvolvimento da "padronização do afeto" no burguês ocidental. Contudo, enquanto Elias obtém a lei do movimento do processo por ele descrito segundo uma formalização das características do fenômeno, a crítica da estética da mercadoria examina esferas funcionais econômicas concretas, com base nas quais pode-se esclarecer com mais exatidão certos processos da padronização do afeto.

A tarefa que me propus, portanto, foi a de deduzir economicamente as manifestações da estética da mercadoria, desenvolvê-las e descrevê-las num contexto sistemático. Isso não podia ocorrer mediante uma análise empírica. Se fizemos uso de material empírico, foi apenas esporadicamente e por amostragem, para servir de exemplos para análises. Esse procedimento tem a desvantagem – que me pareceu inevitável – de fazer surgir importâncias equivocadas, caso o leitor não leve em conta o valor limitado dos exemplos escolhidos. Ao leitor ocorrerão, em cada estágio do desenvolvimento, outros exemplos – talvez melhores. É que o material é convincente; ele supera todas as fantasias, no que estas têm de fantástico, e toda intenção de esclarecimento didático, no que esta tem de clareza. Entretanto, é exatamente aí que está o perigo de uma aproximação não teórica, que não desenvolva cuidadosamente os seus conceitos. O

CRÍTICA DA ESTÉTICA DA MERCADORIA 17

material pode ser claríssimo, mas muitas vezes aponta para a direção errada; é fantástico, mas se nos deixarmos fascinar por ele, surgem as teorias disparatadas. Por isso, é aconselhável que o leitor fique bastante atento ao desenvolvimento dos conceitos. Eles são oferecidos como instrumentos. Pretendem capacitar o seu usuário a compreender todos os fenômenos, segundo sua forma e função específicas, e a representar a sua origem e função considerando os diferentes modos de causa e efeito. O assunto, cuja investigação sistemática iniciamos, precisa ser abordado de maneira pormenorizada e profunda, em razão de seu significado incontestável para a manutenção das relações de dominação no capitalismo avançado. Nesse caso, o presente trabalho pode terminar como Horkheimer e Adorno terminaram lapidarmente o capítulo sobre "Indústria cultural" na *Dialética do esclarecimento*: "Continua". Mesmo que a teoria crítica não tenha se mostrado apta a continuar – no sentido de que ela só tenha produzido novas paráfrases de si mesma, por meio de sua conceituação analógica-hermenêutica indedutível –, o projeto aqui apresentado pode, portanto, ser submetido a essa prova.

Notas

1 Sobre a estética da manipulação, *Das Argument*, n.25, ano 5, p.25, 1963. Republicado em W. F. Haug, *Estética da mercadoria, sexualidade e dominação*, Frankfurt, 1972.

2 Karl Marx, *O Capital*, v.1, *Obras completas de Marx e Engels*, v.23, p.393, nota 89.

3 Friedrich Engels, prefácio da edição inglesa de *O Capital*, *Obras completas*, v.23, p.37ss.

4 *Sobre a crítica da estética da mercadoria*, palestra para o rádio, impressa em *Kursbuch*, n.20, p.140-58, 1970. Republicada em *Estética da mercadoria, sexualidade e dominação*, op. cit. *As funções do estético no tocante à solução aparente das contradições básicas da sociedade capitalista*, palestra proferida para a Nova Sociedade de Artes Plásticas, Berlim Ocidental, impressa no catálogo da exposição *As funções da arte em nossa sociedade* e em *Argument*, n.64, ano 13, p.190-213, 1971. Ambos os artigos estão incorporados no presente trabalho.

5 Norbert Elias, *Sobre o processo da civilização. Pesquisas sociogenéticas e psicogenéticas*, Berna, Munique, 1969.

NOTA PARA A 5ª EDIÇÃO

Se comparada às anteriores, a presente edição contém algumas pequenas correções que precisaram ser encaixadas nas dimensões das folhas já impressas. De fato, o autor não vê motivos para corrigir os resultados e as deduções essenciais deste texto. Contudo, teria sido preferível preencher algumas lacunas e evitar determinados mal-entendidos. Uma intervenção trabalhosa teria significado, porém, uma nova composição, e isso ficaria muito caro para a editora. A fim de indicar ao menos a direção que teriam tomado essas mudanças, reproduzimos no Apêndice trechos do Posfácio para a edição sueca e de um artigo abordando a discussão sobre a estética da mercadoria. De resto, faremos menção ao volume *Estética da mercadoria. Contribuições para a discussão, a evolução e a interferência de sua crítica*,[1] do qual também retiramos alguns trechos contidos no Apêndice.

Berlim, janeiro de 1976
W. F. Haug

---

1 Frankfurt: Suhrkamp, 1975, p.657.

PRIMEIRA PARTE

1 A estética da mercadoria e sua origem na contradição da relação de troca

Se perguntarmos pelas condições a serem cumpridas no âmbito de uma relação de troca, a fim de que dois proprietários de mercadorias possam consumar o ato da troca, deparamos logo com dificuldades cuja solução fez surgir uma forma ainda atuante: o dinheiro.

A condição óbvia para que uma troca tenha sentido acarreta uma primeira dificuldade que cria embaraços à sua execução e até mesmo à propagação das relações de troca: apenas a troca de coisas qualitativamente diferentes tem sentido; é preciso que o respectivo proprietário tenha-a "sobrando" – isto é, não tenha necessidade nem faça uso dela –, por outro lado, o seu não proprietário deve precisar dela para que pense em trocá-la. Só quando duas relações desse tipo se ajustam é que a troca torna-se possível, isto é, adquire sentido para ambos. Em resumo: a necessidade não possuidora de um precisa coincidir com a posse não necessária do outro. Alguém que possui o que eu preciso, mas não precisa do que eu possuo, não vai se interessar pela troca.

Em segundo lugar, é preciso pressupor a equivalência e expressá-la, caso contrário não haverá negócio algum. Ou seja, tem de ser possível dizer que as duas coisas possuem valor equivalente. Entretanto, como expressar essa equivalência se cada mercadoria só pode manifestar o seu valor enquanto valor de troca? Ou seja, o seu valor aparece primeiramente apenas como a quantidade de uma outra mercadoria que pode ser trocada por ela. Fora de uma relação de troca, toda mercadoria nada responde, se perguntada por seu valor, e dentro de uma relação de troca com uma outra mercadoria, ele deve ser explicitado, segundo o tipo e a qualidade. A solução, que fará surgir o dinheiro, evidencia-se quando, durante a procura da relação de valor entre duas mercadorias, a lembrança de relações de troca já conhecidas para ambas as mercadorias surge com uma terceira mercadoria. A terceira mercadoria atua como material para expressar o valor das duas mercadorias a serem trocadas. A relação com a terceira mercadoria fundamenta a linguagem de valor, por meio da qual as duas mercadorias a serem trocadas podem expressar sua equivalência.

O dinheiro como generalização e evolução da "terceira mercadoria" tem um efeito duplo. De um lado, assume a função de expressar o valor de maneira mensurável e passível de comparação. O dinheiro atua como o material comum na linguagem de valor. À proporção que o valor de troca de toda mercadoria assume uma forma autônoma mediante o dinheiro, este, por outro lado, divide a troca demasiado complexa de duas coisas em dois atos de troca, dividindo assim "a identidade imediata em troca do próprio produto do trabalho e troca do produto alheio na oposição entre compra e venda".[1] Agora não ocorre mais uma troca imediata de uma mercadoria de certa espécie por uma de outra espécie, mas, a princípio, troca-se uma determinada quantidade daquela "mercadoria comum" ou "mercadoria-dinheiro", que representa diante de todas as outras mercadorias a forma autônoma do valor de troca comum; somente em um segundo ato de troca exteriormente independente e o mais distante possível no tempo e no espaço é que se permuta então o valor de troca emancipado em dinheiro – essa "forma abstrata da riqueza comum" – pela mercadoria necessitada. Enquanto dinheiro, o termo de comparação (tertium comparationis) torna-se independente, interpondo-se entre todas as mercadorias e intermediando a sua troca.

Desse modo, consuma-se uma abstração: o valor de troca desligou-se também de cada necessidade particular ao se emancipar perante cada corpo particular de mercadorias. Àquele que o possui, ele concede um poder sobre todas as qualidades particulares, limitado apenas por sua quantidade.

O dinheiro facilita, acelera e generaliza a troca. Como solução para as dificuldades da troca simples e imediata, ele acentua, ao mesmo tempo, uma contradição já existente na troca simples. O impulso motivador e o objetivo determinante de cada parte presente na troca de duas mercadorias são a necessidade de possuir o valor de uso da mercadoria da outra parte envolvida. Ao mesmo tempo, a própria mercadoria, e com ela a necessidade alheia, é somente um meio para atingir um fim. O objetivo de um é, por sua vez, o meio do outro para chegar ao próprio fim por meio da troca. Assim, num único ato de troca defrontam-se duas vezes duas perspectivas opostas. Ambas assumem tanto a perspectiva do valor de troca, quanto uma determinada perspectiva do valor de uso. A cada perspectiva do valor de uso opõe-se uma perspectiva do valor de troca, pela qual ela é possivelmente enganada.

Quem assume a perspectiva do valor de troca também participa do jogo, à medida que como ser sensual, depende do valor de uso. Da perspectiva do valor de troca, o valor de uso é apenas uma isca. Desde que e enquanto ambos os pontos de vista forem assumidos inseparavelmente pelos dois lados envolvidos na troca, a contradição permanece ligada à igualdade das duas posições.

A relação modifica-se com a interferência do dinheiro. Ao intermediar a troca, o dinheiro não somente divide-a em dois atos – venda e compra – como também separa os pontos de vista contrários. O comprador assume a perspectiva da necessidade, ou seja, do valor de uso: o seu fim é um determinado valor de uso; o seu meio para trocá-lo é o valor de troca sob a forma de dinheiro. Para o vendedor, o mesmo valor de uso é apenas um meio de transformar em dinheiro o valor de troca de sua mercadoria, ou seja, de emancipar o valor de uso implícito em sua mercadoria sob a forma de dinheiro. Da perspectiva do valor de troca, toda mercadoria é considerada – a despeito de sua forma particular – mero valor de troca que ainda precisa concretizar-se (realizar-se) como dinheiro e para o qual a forma do valor de uso significa apenas uma prisão e um estágio transitório. Da perspectiva da necessidade do valor de uso, o fim do objeto é alcançado quando o objeto comprado é útil e desfrutável. Da perspectiva do valor de troca, o fim se cumpre quando o valor de troca aflora sob a forma de dinheiro. À medida que a lógica da troca for determinante, tem valor para o vendedor o que é meio de vida para o outro – as coisas materiais e imateriais que ele necessita para viver – e a vida do outro atua praticamente como mero meio e instrumento para se obter o valor de troca. Um considera a mercadoria um "meio de vida", o outro considera a vida um meio de valorização. Os dois pontos de vista são tão diferentes quanto o dia e a noite. Ao aparecerem separados, a contradição se evidencia. Essa contradição torna-se determinante na produção de mercadorias e na história de evolução tanto das mercadorias em si quanto dos métodos de produção. Separando-se a necessidade da solvência, a contradição torna-se mundialmente válida para partes cada vez maiores da humanidade; enquanto retardamento da procura solvente, ela também é periodicamente válida para o capital sob a forma de crises e ameaça retirar a base material da vida das massas trabalhadoras aptas ao trabalho assalariado.

Sem dúvida, no contexto de nossa pesquisa não está em discussão o agravamento da contradição sob a forma de crises, nem a reação burguesa na tentativa de dominá-las, mas trata-se aqui de uma solução aparente dessa contradição fundamental, característica para o funcionamento considerado normal do sistema social da economia privada com divisão de trabalho – e isto desde os seus primórdios.

A produção de mercadorias não tem como objetivo a produção de determinados valores de uso como tais, mas a produção para venda. O valor de uso desempenha no cálculo do produtor de mercadorias o papel esperado pelo comprador, fato que é preciso considerar. O fim e o meio não são contrários apenas para o comprador e o vendedor. Além disso, para eles o mesmo ato ocorre em tempos diferentes e tem um significado bem diverso. Da perspectiva do valor de troca, o processo está concluído e o objetivo é alcançado com o ato da venda. Da perspectiva da necessidade do valor de uso, o mesmo ato significa apenas o começo e o pressuposto para a realização de seu fim através do uso e do desfrute.

Uma tendência, que provoca sempre novas modificações no corpo da mercadoria e na sua forma de uso, surge da contradição, presente nas pessoas, entre valor de uso e valor de troca. Daí em diante todas as mercadorias produzidas contêm duas coisas: primeiro, o valor de uso; segundo, e adicionalmente, a manifestação do valor de uso. Pois até a conclusão do ato da venda, no qual a perspectiva do valor de troca alcançou o seu fim, o valor de uso só desempenha o seu papel quando o comprador se apropria dele por meio da mercadoria. Da perspectiva do valor de troca importa, até o final – ou seja, o fechamento do contrato de compra – apenas o valor de uso prometido por sua mercadoria. Aqui reside desde o princípio uma ênfase acentuada – porque funcionalmente econômica – na manifestação do valor de uso que – considerando o ato de compra em si – desempenha tendencialmente o papel de mera aparência. O aspecto estético da mercadoria no sentido mais amplo – manifestação sensível e sentido de seu valor de uso – separa-se aqui do objeto. A aparência torna-se importante – sem dúvida importantíssima – na consumação do ato da compra, enquanto ser. O que é apenas algo,

CRÍTICA DA ESTÉTICA DA MERCADORIA

mas não parece um "ser", não é vendável. O que parece ser algo é vendável. A aparência estética, o valor de uso prometido pela mercadoria, surge também como função de venda autônoma no sistema de compra e venda. No sentido econômico está-se próximo de, e será finalmente obrigatório, em razão da concorrência, ater-se ao domínio técnico e à produção independente desse aspecto estético. O valor de uso estético prometido pela mercadoria torna-se então instrumento para se obter dinheiro. Desse modo, o seu interesse contrário estimula, na perspectiva do valor de troca, o empenho em se tornar uma aparência de valor de uso, que exatamente por isso assume formas bastante exageradas, uma vez que, da perspectiva do valor de troca, o valor de uso não é essencial. Nesse contexto, o aspecto sensível torna-se portador de uma função econômica: o sujeito e o objeto da fascinação economicamente funcional. Quem domina a manifestação, domina as pessoas fascinadas mediante os sentidos.

Desse modo, desde os primórdios do capitalismo, na relação de interesses da troca, a tendência para a tecnocracia da sensualidade situa-se economicamente na subordinação do valor de uso ao valor de troca. Uma vez que, com o desdobramento da produção privada de mercadorias, produz-se essencialmente valores de troca e não "meios de sobrevivência" essencialmente sociais – meios para a satisfação de necessidades –; uma vez que as qualidades das mercadorias, que correspondem às necessidades dos futuros consumidores, não passam, portanto, de um meio para atingir um fim – a realização do valor de troca –, vale o que o jovem Marx acentuou com veemência nos *Manuscritos parisienses*: todo produto de uma produção privada "é uma isca, com a qual se pretende atrair a essência do outro, seu dinheiro", a única coisa importante para o ponto de vista do valor de troca. Por outro lado, "toda necessidade real ou possível" do homem sensível "significa uma fraqueza que levará a mosca à armadilha". Onde quer que haja carência, necessidade e precisão, surge um proprietário de mercadorias oferecendo os seus "amáveis préstimos" através de "amabilíssimas aparências", para logo em seguida apresentar a conta.[2] Justamente porque isto é ruim da perspectiva do valor de troca, a natureza sensual do proprietário do dinheiro passa a ser observada, fortalecida e atendida em qualquer desejo, arbitrariedade ou capricho, à medida que o capitalista industrial "submete-se às suas mais abjetas ideias, bancando o casamenteiro entre ele e suas necessidades, excitando nele prazeres doentios, espreitando todas as suas fraquezas...".[3]

2 Estímulos fortes como instrumentos de interesse de valorização no capitalismo comercial

Antes de abordarmos os estímulos estéticos específicos, é preciso pormenorizar uma determinação da perspectiva do valor de troca. Logo que o valor de troca se emancipou por meio do dinheiro, surgiu também o pressuposto para a emancipação da perspectiva do valor de troca. Sob a forma de dinheiro, o valor de troca não está mais ligado a nenhuma necessidade sensível, acabando assim com toda qualidade sensivelmente diversificada. Por mais absurda que seja a acumulação infinita de determinados valores de uso sensíveis, uma vez que a sua utilidade lhes impõe um limite, a acumulação do valor de troca, que só é interessante no sentido quantitativo, desconhece, por sua vez, qualquer medida e qualquer limite. Com o dinheiro – no início a mera coisificação de uma função da troca – surge no mundo um poder com uma qualidade nova: a riqueza abstrata, o valor de troca emancipado. Ele fundamenta um novo interesse que acompanha esta emancipação: o interesse de valorização. Usura e comércio são suas duas primeiras grandes configurações na história. Em seguida interessam-nos alguns traços do capital mercantil, cuja época áurea na Europa foi simultânea à do início do capitalismo.

Comprar para vender com lucro é a sua atividade. Por isso, ele é, a princípio, suprarregional, até mesmo transcultural, e tem o seu ponto forte no comércio exterior. O especial e o novo exercem a função de mercadorias-chave na abertura de mercados para o comércio capitalista.[4] A fim de penetrar nos mercados locais ou de conquistar comercialmente regiões que até então desconheciam a produção de mercadorias, o capital

CRÍTICA DA ESTÉTICA DA MERCADORIA

mercantil necessita de mercadorias especiais. Neste sentido três grupos de mercadorias causaram muito furor e abriram caminho para a mudança nas relações mundiais: primeiro, os bens militares; segundo, os produtos têxteis; e, terceiro, estimulantes e guloseimas. Nada mais que armas de fogo e aguardente – os fortes estímulos da história europeia – invadem o "Novo Mundo" como instrumento do interesse de valorização do capitalismo mercantil. As potências europeias que mediante esse tipo de negócio ascendem e tornam-se potências mundiais são, pela ordem, Veneza, os Países Baixos e a Inglaterra.

3 Galanteio amoroso, luxo da nobreza e êxtase burguês com lucidez; chocolate, chá, tabaco, café

Quando Marx afirma que "a mercadoria ama o dinheiro", ao qual ela "acena" com o seu preço lançando "olhares amorosos",[5] a metáfora dirige-se assim para uma base sócio-histórica. Pois um gênero de estímulo forte com o qual a produção de mercadorias opera, objetivando a valorização, é o estímulo amoroso. Por conseguinte, um gênero inteiro de mercadorias lança olhares amorosos aos compradores imitando e oferecendo nada mais que os mesmos olhares amorosos, com os quais os compradores tentam cortejar os seus objetos humanos do desejo. Quem busca o amor faz-se bonito e amável. Todas as joias e tecidos, perfumes e maquiagens oferecem-se como meio para representar a beleza e a amabilidade. Do mesmo modo, as mercadorias retiram a sua linguagem estética do galanteio amoroso entre os seres humanos. A relação então se inverte, e as pessoas retiram a sua expressão estética das mercadorias. Ou seja, ocorre aqui uma primeira reação conjunta da forma de uso das mercadorias motivada pela valorização sobre a sensualidade humana. A possibilidade de expressão de sua estrutura impulsiva não só se modifica, como também a sua ênfase se desloca: um forte estímulo estético, o valor de troca e a libido amoldam-se, tal como as pessoas na história do ganso de ouro; e os meios de expressão tornam-se valiosos, custando também uma fortuna. E tal como o burguês "em sua luxúria atribui ao nobre uma amplitude maior, adulando-o em suas produções – seus produtos são igualmente pequenos cumprimentos aos prazeres do esbanjador –, do

CRÍTICA DA ESTÉTICA DA MERCADORIA

mesmo modo ele sabe se apropriar do poder que o outro está perdendo".[6] Logo a burguesia ascendente empresta dinheiro à nobreza a juros extorsivos, com o qual esta compra os diversos tecidos suntuosos e as mercadorias galantes, até que metro a metro as propriedades da nobreza passam às mãos da burguesia: capitalizadas em detrimento de todos os comedores improdutivos, levados então à mendicância ou à casa de trabalhos forçados, até que a ascensão da produção capitalista encontra neles mão de obra barata. O luxo – as mercadorias com fortes estímulos sensuais – não transmite nem uma ínfima parte da redistribuição das propriedades, ao revolucionar a sua valorização, chamada de acumulação primitiva. O processo situa-se, funcional e historicamente, na base da sociedade burguesa, geralmente caracterizando-a. "Toda pessoa", escreveu Marx nos *Manuscritos parisienses*, "especula sobre a possibilidade de criar no outro uma nova necessidade, a fim de obrigá-lo a um novo sacrifício, de impingir-lhe uma nova dependência, de induzi-lo a uma nova forma de prazer levando-o assim à ruína econômica."[7] Os burgueses fizeram disso uma doutrina. A ociosidade e o luxo com que ganham a vida são vistos por eles como odiosos em seus semelhantes e mais ainda nas classes inferiores. O prazer dos primeiros capitalistas "não passa de bagatela, recreio, subordinado à produção, neste caso um prazer calculado e, portanto, econômico...". Portanto, na pessoa do capitalista, como personificação do capital, "o prazer submete-se ao capital, o indivíduo que usufrui àquele que capitaliza",[8] e a fim de assegurar-se contra arrebatamentos descontrolados, ele compensa os seus ímpetos – moldados no cotidiano do escritório – com prazeres que se ajustam bastante bem à atividade burguesa: tabaco, café, mas sobretudo chá, que no século XVII conquistou rapidamente um mercado gigantesco. Nesse ínterim, o clero e a nobreza saboreavam chocolate e confeitos. Como o chocolate era uma mercadoria colonial valorizada pelos interesses católicos, pregava-se contra o tabaco e o chá, chamados nos púlpitos de "coisas do demônio"; em contrapartida, enaltecia-se o cacau como um remédio contra a peste e a cólera.

A arte burguesa festejou o café com cantatas, canções e poemas, e também o chá.

Quase sempre, contudo, era a Companhia das Índias Ocidentais que motivava e financiava a confecção desses ditirambos em homenagem aos chineses, a fim de ampliar a sua venda. O chá é chamado então de "planta divina", comparado à ambrosia, e recomendava-se tomar de 40 a 50 xícaras por dia. Um médico holandês residente em Hamburgo prescreveu aos seus pacientes uma grande quantidade de chá, com o intuito de privá-los de ingerir bebidas alcoólicas, e suspeitou-se até mesmo de suborno por parte do comerciante de chá.[9]

O médico holandês que, "no interesse das pessoas que padecem e dos comerciantes holandeses", implantou um estimulante e estupefaciente – o chá – como instrumento para se abandonar o álcool agiu sintomaticamente a favor de sua classe. Em 1718, um médico parisiense defendeu na faculdade o princípio de que o café atua como medicamento contra a embriaguez oriunda da ingestão de álcool. Comerciantes haviam trazido para a Europa o café de Constantinopla, onde a "poção turca" substituía o álcool, na época proibido. Os burgueses precisavam manter a lucidez, mesmo embriagados. Em 1652 foi inaugurada, em Londres, a primeira cafeteria. Cinquenta anos depois já havia lá, segundo Zetzner, mil cafeterias, nas quais vendiam-se também cachimbos.[10] Aproximadamente na mesma época, Mandeville refere-se à grande importância econômica das mercadorias de luxo para as massas, citando, como exemplos, o café, o chá, o tabaco e o tecido vermelho-escarlate. A mania de imitação fez que as crianças e adolescentes "se acostumassem aos poucos a utilizar coisas que a princípio lhes eram indesejáveis, ou mesmo insuportáveis, até finalmente não conseguirem mais renunciar a elas ... e quase sempre lamentarem muito por terem aumentado consideravelmente as suas necessidades vitais sem motivo. Consideremos o montante que se ganha com o chá e o café!". Consideremos também, prossegue o médico Mandeville, atenuando qualquer objeção moral, "o enorme comércio" e os "diversos trabalhos que sustentam milhares de famílias ... graças apenas à existência de dois hábitos bobos, ou mesmo repugnantes – o rapé e o fumo – que prejudicam muitíssimo, mais do que ajudam a quem a eles se entrega".[11] Talvez não seja completamente inoportuno mencionar que a criação e o direcionamento de necessidades luxuriosas não é em si absolutamente algo específico do capitalismo avançado, tal como pensavam sobretudo muitos teóricos do movimento estudantil no final dos anos 60.

4 A produção em massa no capitalismo e a questão da realização – a estética da mercadoria de massa

A capitalização da produção de mercadorias desencadeia um grande estímulo para o desenvolvimento de técnicas de produção da mais-valia relativa, ou seja, do aumento do lucro mediante o aumento da produtividade, sobretudo pela criação de maquinários e de grandes indústrias. Ao mesmo tempo, ela tende a ligar pelo mercado todos os membros da sociedade na distribuição das mercadorias. Portanto, com a ampliação maciça da procura, ela cria também tecnologia e forças produtivas para produzir em massa. Agora não são mais em primeiro lugar os artigos de luxo que determinam os grandes negócios, mas sim os artigos relativamente baratos. Quem decide agora sobre a realização, as proporções e a margem de lucro são as funções de valorização características do capital industrial. No âmbito da produção, são de interesse em nosso contexto as seguintes funções de rentabilidade: primeiro, a economia de tempo de trabalho por artigo mediante o aumento da produtividade – nisso se inclui a tendência de eliminar o trabalho manual (que retornará depois como componente muitíssimo apreciado pela divulgação de determinados artigos de luxo) – e, por último, o desenvolvimento de tecnologia para a produção em massa de artigos padronizados. Em segundo lugar, é preciso mencionar o barateamento de partes do capital constante que entra no produto como matéria-prima, matéria secundária e ingredientes diversos. E, em terceiro, a diminuição do tempo de produção mediante a redução artificial do tempo de armazenamento necessário para a maturação.

Como vemos, todas essas mudanças acabaram alterando a apresentação dos produtos. Do mesmo modo surgem aqui muitas funções que encobrem ou compensam as mudanças através de uma aparência produzida adicionalmente. O tratamento refinado do invólucro ou a tintura podem encobrir a deterioração do material e do acabamento. O conhaque que não foi estocado durante alguns anos em barris de carvalho – algo necessário para a sua maturação e que lhe dá uma coloração marrom – é colorido com açúcar caramelado: desse modo, mantém-se a aparência. Ou economizam-se junto com o tempo de envelhecimento os ingredientes essenciais, ultrapassando-se o limite de falsificação de mercadorias, como Engels mostra por meio do exemplo da falsificação do rum e sobretudo do vinho, bastante impulsionadas pelo desenvolvimento da destilação de batatas e, a par disso, pela repressão à destilação caseira de aguardente por parte da produção industrial dos latifundiários prussianos. "A bebedeira que antes custava três ou quatro vezes mais é agora diariamente acessível também aos mais humildes...", sem falar que a aguardente prussiana provocava um embotamento e um embrutecimento geral nas classes trabalhadoras, em virtude de seu elevado teor de álcool ordinário.[12]

No âmbito da circulação, interessa em nosso contexto primeiramente uma só coisa: deve ocorrer aqui uma mudança da forma, e o valor e a mais-valia precisam ser realizados. Pois uma pequena interrupção poderia significar a ruína. O que espera aqui para ser realizado como valor de troca não é mais somente mercadoria, mas capital-mercadoria. A pressão contínua da ameaça de ruína, ligada à atração irresistível exercida pelo objetivo da ação – o lucro –, torna a espera desse *realisandum* uma atividade febril. Toda interrupção na circulação acarreta custos e diminui o valor da mercadoria. O capitalista, sob a pressão da concorrência, não pode recuperar essas perdas aumentando o preço.

> O comprador final riria quando ele dissesse: "Não foi possível vender a minha mercadoria em seis meses, e conservá-la durante todo este tempo não só imobilizou uma certa quantia de meu capital, como também acarretou despesas". "*Tant pis pour vous*" [o azar é teu], replica o comprador. Ao seu lado há um outro vendedor cuja mercadoria estava já pronta desde anteontem. "A sua mercadoria está encalhada e provavelmente um pouco desgastada pelo tempo. Ora, você precisa vender mais barato que o seu concorrente."[13]

A ameaça de um encalhe é uma pedra no sapato do capital-mercadoria personificado pelo capitalista. A existência do encalhe significa a morte econômica do capital fixado em forma de mercadoria. Marx utiliza expressões fortíssimas para expor essa questão, a questão da realização. Nesse caso, a mercadoria precisa dar o *salto mortale*, e talvez acabe quebrando o pescoço.[14] O valor de troca atado ao corpo da mercadoria anseia então para ser redimido sob a forma de dinheiro. Tudo gira em torno do "milagre desta transubstanciação", como é dito em *O Capital*;[15] é este o lugar e a hora em que as mercadorias lançam seus olhares amorosos. "Se a mercadoria tivesse aquela alma", escreve Walter Benjamin em seu texto sobre Baudelaire, como *Um lírico no auge do capitalismo*, "se a mercadoria tivesse aquela alma de que Marx fala brincando ocasionalmente, ela seria a mais empática do reino das almas. Pois ela teria de ver em todos o comprador em cuja mão e em cuja casa ela gostaria de se ajeitar".[16] A função da valorização sempre à procura de uma resposta para a questão da realização encontra expressão justamente na aparência exagerada do valor de uso, impelindo o valor de troca contido na mercadoria ao encontro do dinheiro. Ansiosa pelo dinheiro, a mercadoria é criada na produção capitalista à imagem da ansiedade do público consumidor. Essa imagem será divulgada mais tarde pela propaganda, separada da mercadoria.

5 O primeiro efeito e ao mesmo tempo o instrumento de monopolização: monopolização estética de um valor de uso ("marca") – proximidade com a falsificação de mercadorias; lutas por e com a ajuda de nomes; Rosy contra Rosy-Rosy; concorrência entre imagens; a concepção de Helmut Schmidt sobre a disputa política como mera concorrência de impressões; Goebbels como técnico de marcas

A empatia da mercadoria na alma do comprador comentada por Benjamin depara com os limites do mercado. Enquanto muitos produtores concorrem no mercado com um gênero de mercadorias, a estética da mercadoria mantém-se ligada ao corpo da mercadoria. Ao mesmo tempo atribui-se a ela o valor de uso padrão de uma produção relativamente homogênea. Enquanto ela não passava de uma personificação daquele valor de uso geral – no âmbito de um certo gênero de mercadoria – a sua origem particular era algo irrelevante. Contudo, na medida em que essa irrelevância é somente um meio para atingir um fim, a relação traz em si o seu inverso. A função do aspecto especial, novo e original será inverter essa relação. A produção de valores de uso apenas como meio para atingir o fim da valorização faz que o capital isolado aspire subordinar-se completamente a um valor de uso. "São os anos dourados das marcas", afirmou em 1905 um dos escritores citados por Baran e Sweezy,[17] "uma época na qual quase todos que produzem algo valioso

CRÍTICA DA ESTÉTICA DA MERCADORIA 37

podem estabelecer o perfil de uma demanda, que não só excede com o tempo tudo o que existia como, também, até certo ponto, torna-se monopólio... Em toda parte existem oportunidades de assumir a liderança através da propaganda – reprimir toda sorte de produtos desconhecidos e não reconhecidos, mediante uma apresentação chamativa, víveres com marcas registradas protegidas, apoiadas por uma propaganda que atinge o país inteiro e que já se tornou uma garantia de qualidade para o público." Junto com os inúmeros produtos anônimos de toda sorte reprimiu-se também o valor de uso universal como um obstáculo penoso que dificulta o caminho do interesse de valorização. À medida que o capital privado se subordina a um determinado valor de uso, a estética da mercadoria ganha não só um significado qualitativamente novo para codificar informações recentes, mas também se desliga do corpo da mercadoria, cuja apresentação é reforçada pela embalagem e divulgada em várias regiões através da propaganda. Um meio para se obter uma posição quase monopolista é compor uma mercadoria como artigo de marca. Para isso empregam-se todos os meios estéticos existentes. Contudo, o decisivo é juntar todas as formas de comunicação pressupostas numa apresentação que utiliza meios estético-formais, visuais e linguísticos para caracterizar um nome. A linguagem específica de uso geral tem no máximo a função de anunciar o nome do truste e de envolvê-lo numa auréola de reconhecimento. Enquanto os artigos de marca divulgados num local apenas parecem tão estranhos quanto outras particularidades locais relativas a nomes e dialetos, as marcas suprarregionais dos grandes trustes deslocam-se para a experiência humana diante da natureza, assumindo até mesmo o seu lugar.[18]

Os trustes e suas agências de publicidade visam conscientemente esse objetivo. "Esqueça simplesmente a palavra banana!", anunciou a United Fruit Company (UFC) na Alemanha, em 1967. "Lembrem-se de Chiquita!"[19] Existem espécies de mercadorias para as quais as pessoas não dispõem mais do conceito de valor de uso nas atuais sociedades capitalistas. Em seu lugar surgiu a marca protegida por lei, e, quando muito, no manual de instruções ou na descrição da composição – que aliás só são fornecidos quando a lei obriga – persiste ainda uma sombra do significado do conceito de valor de uso desaparecido. Essa é a razão essencial para a diminuição radical do conhecimento prático que a população possui sobre as mercadorias nas sociedades capitalista-monopolistas. Mediante os artigos de marcas, os monopólios geralmente monopolizam até mesmo o conhecimento técnico e químico mais simples. O que antigamente qualquer dona de casa sabia é encoberto pelo manto do saber secreto, e cada vez mais tornamo-nos dependentes do artigo de marca. "Leve simplesmente XY!"

O símbolo de qualidade, através do qual se divulga o artigo de marca, refere-se, obrigatoriamente, num sentido econômico, apenas em parte à motivação das massas consumidoras visadas, como também às necessidades da política comercial suprarregional. A marca e as promessas mediatas e imediatas do valor de uso nela contidas não precisam absolutamente referir-se à característica particular da mercadoria designada por ela.[20] Seria inútil tratar esta questão como algo moralmente reprovável e culpar os produtores individualmente. Num dado sistema econômico, a determinação da função da mercadoria e sobretudo do artigo de marca é racional, considerando a função de realização; mais ainda, ela é prescrita diretamente pela concorrência. A característica particular do artigo de marca baseia-se obrigatória e unicamente na sua imagem, que por sua vez se torna o fundamento do preço dado pelo monopólio. Desse modo, por exemplo, existem no caso do leite condensado – um produto fortemente homogêneo – só na Alemanha 33 marcas diferentes com trinta preços diferentes, que oscilam entre 0,74 e 1,28 marcos. Os preços mais altos são das três marcas cuja divulgação suprarregional acarretou os maiores gastos: Libby, Glücksklee e Nestlé. Os trustes atraem também os chamados mercados baratos – os compradores de menor poder aquisitivo ou, no mínimo, mais parcimoniosos – vendendo o mesmo produto mais barato com uma outra etiqueta, através de uma subsidiária. Um outro exemplo seria a fundamentação da sentença feita pelo Supremo Tribunal Federal revogando a anulação do compromisso de preço da Melitta: a fábrica Melitta Benz & Filho em Minden vende o pacote de filtro de papel Melitta 102 com quarenta unidades pelo preço estabelecido de 1,10 marco; a Ruf Exportadora e Importadora Ltda., de Hamburgo, pertencente ao grupo Melitta, vende o mesmo pacote de filtros com o nome Brigitta por 0,75 marcos. Outros exemplos são o macarrão, o arroz, o pó de café, o champanhe. "E, no caso do champanhe, a 'qualidade superior' existe muitas vezes apenas no nome e na etiqueta".[21]

A nova lei do vinho, sancionada em 20 de julho de 1971, esclarece de modo significativo a relação entre a estrutura de mercado e as marcas, com o exemplo da mercadoria vinho. Diferentemente de outros artigos de marca, o nome de um vinho parece ter uma razão real, ou seja, o local de origem. Até a entrada em vigor da nova lei, havia na Alemanha cerca de 36 mil marcas que correspondiam a cerca de 72 mil hectares de área cultivada. Desde então "o local de origem" precisa ter um tamanho mínimo de 5 hectares – o tamanho médio era anteriormente de 2 hectares. Em consequência da nova lei, uma grande parte das marcas de vinho desapareceu. "Em Rheinland-Pfalz, por exemplo, descadastraram-se no mínimo 15 mil das 20 mil marcas existentes; em Hessen restaram apenas 150 dos mais de mil locais de origem."[22]

A razão dessa incisiva "supressão de nomes de regiões" (*Das Weinblatt*) e dessa "arrumação" (*Der Spiegel*) no âmbito das marcas, organizando "o caos das denominações" (*Das Weinblatt*) até então existente – segundo a consciência adaptada às exigências econômicas diárias –, reside na estrutura de mercado modificada, que exige das mercadorias um caráter oligopolista. "Para estes pequenos produtores", que até então podiam ter uma denominação de origem própria, "os grandes armazéns, as redes de supermercados e os trustes de comércio varejista, que comercializam quase a metade de todas as garrafas indicando a safra e a origem, não podiam fazer propagandas milionárias. Eles precisavam de 'grandes quantidades do mesmo tipo de vinho' de 'marcas que vendem bem'" (*Das Weinblatt*). Desse modo, a lei prescreve a obrigatoriedade de um nome que até então poderia ser considerado falsificado, esclarecendo assim a semelhança entre a apresentação que estimula as vendas e a falsificação da mercadoria. Os relatórios sobre as técnicas usuais da indústria fonográfica para melhorar e mixar a voz – sobretudo das "estrelas" conhecidas por outros motivos pelas massas consumidoras – podem ser lidos como relatórios sobre a falsificação de vinhos.

Mesmo antes de a esportista entrar no estúdio, vários gravadores *playback* já estavam preparados, com rolos de fita de música orquestral já dispostos à espera da mixagem com a vozinha de Kilius. Em uma das fitas foram gravados os ritmos, em uma segunda, as melodias, e uma terceira continha o canto coral. Entretanto, para que a voz de Kilius soasse bem, foram necessários ainda mais alguns artifícios. Embora ela cantasse com ímpeto, soava muito agudo e duro. Desse modo, o produtor Schmidt decidiu "amaciar o seu timbre", envolvendo-a em um acompanhamento mais avolumado. Ele dobrou ... a participação do coro ... Mas o produtor também não se satisfez com isso. Schmidt colocou, então, a corista Brückner servindo de guia para Marika Kilius e pediu para que as duas cantassem a melodia juntas. O objetivo era duplo: de um lado, a experiente corista deveria relaxar a patinadora de gelo diante do microfone, animá-la e conduzi-la no canto. De outro, o volume de som desejado e vendável foi finalmente alcançado. A fita definitiva reuniu então uma Kilius duplicada com um coral duplicado e uma voz feminina ao fundo.[23]

Do disco "Quando sonham os *cowboys*", adulterado dessa maneira, o truste americano Columbia Broadcasting System (CBS) vendeu em pouco tempo 300 mil unidades; um sucesso de vendas "em grande parte financiado pela mesada de estudantes".[24]

Desse modo, o comprador escolhe entre diversos nomes, formas e configurações quando precisa decidir-se entre artigos de marcas concorrentes. Para os vendedores que se mantêm na concorrência, os nomes, as formas e as configurações são uma questão de sobrevivência. Por causa deles abrem-se processos, como aquele, há alguns anos, pelo direito de usar a garrafa em forma de testículo de bode (*Bock*). A firma Deinhard & Co KGaA, por exemplo, pensa atualmente em entrar com uma queixa contra a inconstitucionalidade da nova lei do vinho, porque "ela viola o direito de posse de bens". O parágrafo 59, alínea 2, dessa lei, proíbe usar termos como "safra especial", "colheita serôdia", "seleta", para outras bebidas que não o vinho – fixando então o seu significado objetivo dentro de certos limites. Isso significa que a marca Deinhard Cabinett não poderá mais ser comercializada depois de um prazo de três anos com a denominação Cabinett (safra especial). Apoiado no parecer jurídico do professor Götz, da Universidade de Göttingen, o argumento da firma lança luz sobre os fundamentos da estrutura de nomes dos artigos de marca, relativos ao direito de posse. "A marca Cabinett foi adquirida por muitos milhões de marcos e possui junto aos consumidores do país e do exterior uma reputação que seria abalada com a retirada do nome."[25] O gasto de "muitos milhões de marcos" na elaboração de propaganda de uma marca que pretende apreender e privatizar uma palavra do vocabulário e da consciência universal, a fim de fazer dela um nome que caracterize apenas a própria mercadoria, é considerado pelo capital uma compra absolutamente usual e, evidentemente, o que foi assim "adquirido", sua propriedade privada. As palavras que se tornaram marcas por meio da propaganda são consideradas, então, parte dos bens da empresa.

Onde os gigantes do capital lutam por e através de nomes, pode ocorrer que alguém tenha de abrir um processo por causa de seu próprio nome, como fez Rosemarie Heinicke, de Munique, por causa de seu

CRÍTICA DA ESTÉTICA DA MERCADORIA

nome artístico "Rosy-Rosy". A mulher "conhecida por seus grandes seios"[26] – era essa a sua marca de qualidade – vende não só a exibição de sua aparência física, mas também uma parte de suas formas. E, de fato, ela vende moldes de plásticos de seus seios, com suas formas tecnicamente reproduzidas e multiplicadas, que a partir deles podem ser copiados esteticamente – nesse caso plasticamente – e multiplicados, ou seja, não eles próprios, mas a sua manifestação plástica. Rosy-Rosy, para que seu nome próprio em sua forma íntima se tornasse marca, os seios tornassem logomarca e sua forma modelada, mercadoria, abriu um processo disputando seu nome na Justiça com uma distribuidora de produtos têxteis de Pforzheim. A distribuidora provou que vende há 22 anos "roupas sexy" com a marca Rosy. O estranho nesse confronto é que a embalagem e o que vai ser embalado brigam ao mesmo tempo pela marca, pois o que o nome Rosy-Rosy sugere deve estar oculto no nome Rosy, de tal modo que prometa seus encantos através da embalagem, estimulando assim o desejo nos outros. A Quarta Câmara Comercial de Justiça de Darmstadt, encarregada de julgar essa querela em torno do nome da embalagem *versus* a mercadoria, contestou a possibilidade de confundi-los e rejeitou a queixa.

Ocasionalmente, um truste introduz um novo artigo de marca, concorrendo com um outro produto seu, a fim de defender-se da concorrência interna feita por um outro truste. Os alemães devem a uma tal intriga o Gigante Branco, da Henkel, por exemplo, cujo truste detém cerca de 50% do mercado de sabão em pó da Alemanha Ocidental. A Henkel percebeu a intenção do truste Colgate de entrar no mercado de sabão em pó na Alemanha Ocidental com a marca Cavaleiro Branco. Imediatamente, a Henkel criou a marca Gigante Branco e a patenteou. "Quando os americanos, então, entraram no mercado, o atributo branco não podia mais ser patenteado por eles; desse modo, o projeto Cavaleiro Branco acabou se tornando o Cavaleiro Ajax. Em menos de dois anos, o cavaleiro americano retirou-se para o outro lado do Atlântico – uma prova de como são duras as disputas publicitárias em um mercado onde os gastos com propaganda oscilam para cada produto entre 10% e 15% das vendas."[27] A Henkel faz "concorrência" consigo mesma, mediante quatro marcas: Persil, Weisser Riese (Gigante Branco) e Prodixan. Só sabemos que Persil é Persil através da embalagem; fora da caixa, ele é apenas... sabão em pó. O enorme setor da indústria alimentícia e de guloseimas – de longe o setor de maior faturamento – salienta-se sobretudo pelo nome, a forma e a configuração do produto. "O que realmente promove as vendas – como em quase nenhum outro setor – é a embalagem":[28] assim se expressou um Caderno de Economia de linguagem burguesa.

Os aspectos externos de um determinado artigo de marca bem-sucedida passam para outras mercadorias. Com base na forma bem aceita do rádio e do barbeador foram feitas a torradeira e o secador. Todos os traços estéticos das mercadorias confluem para a imagem, da qual, por sua vez, irradiam as características de cada mercadoria. "*Grosso modo*, entende-se imagem como a impressão geral, a vivência geral de todos os objetos, serviços e instalações de uma empresa".[29] O fato de que essa imagem reúne ao mesmo tempo a expressão e o instrumento de ampliação do poder de mercado; o fato de que ela absolutamente não está fundamentada nos objetos, serviços e instalações mas, pura e simplesmente, no cálculo da "recepção" pelas massas consumidoras reflete-se nas afirmações de Bongard, segundo o qual a forma de manifestação, "denominada geralmente imagem, é um fato psicológico".[30] "Conceitos afins e em parte coincidentes", continua Bongard, "são a reputação, o preconceito, o estereótipo, a concepção de público, a imagem ou a imagem condutora."[31] Nada disso diz respeito a um conteúdo objetivo. Um dos exemplos, ao qual Bongard se atém, é, sem dúvida, o caso instrutivo da empresa alemã Lufthansa. Sua situação característica nos anos 50 era não poder dispor de nenhuma técnica ou serviços que a diferenciassem das concorrentes estrangeiras.

Não havia mais uma indústria aeronáutica própria, o que obrigava a Lufthansa a ter as mesmas aeronaves das outras companhias aéreas. Essa situação de inexistência de concorrência – no sentido objetivo, técnico e, no tocante ao patamar internacional de preços, político – simultânea à sua permanência esclarece "o significado da possibilidade praticamente única da Lufthansa de se distinguir das concorrentes estrangeiras ... a saber, pela imagem".[32] Como sabemos, a Escola Superior de Ulm foi encarregada de elaborar o projeto dessa "impressão geral", de onde surgiu também o *design* da Braun. Nesse caso, estilizaram-se uniformemente a pintura das aeronaves, os trajes das aeromoças, as passagens, os cartões das bagagens, as embalagens dos lanches, os recibos, os quadros de horários, os guichês etc. Num outro trecho, Bongard defende expressamente o "ponto de vista da técnica de marcas",[33] censurando a Lufthansa por ela não ter executado o projeto do *designer* de Ulm em todos os detalhes. Na época, até mesmo o jornal *Die Zeit* se posicionou

CRÍTICA DA ESTÉTICA DA MERCADORIA

a respeito, defendendo a estilização – consequente no sentido da técnica de marcas – da "imagem" da Lufthansa[34] e de sua "possibilidade praticamente única de se distinguir das concorrentes estrangeiras".

O que o artigo de marca bem-sucedida – e o sucesso torna-o, de certo modo, um monopólio, uma vez que se trata do sucesso de uma apresentação que, como tal, não tem concorrentes – irradia daí, no tocante à sua providência, o capital produtor, condicionando a sua imagem, retorna para outras mercadorias da mesma origem. As mercadorias assim apresentadas praticamente deixam de concorrer como valores de uso com os produtos correspondentes de outras empresas. A concorrência deslocou-se consideravelmente para o plano da imagem. Agora uma imagem concorre com uma outra imagem – com investimentos que chegam a bilhões.[35] A técnica de sucesso dos monopólios propaga-se, no sentido restrito, da esfera econômica para a política. Desse modo, Bongard considera bastante óbvio que a técnica de concorrência dos monopólios designada pela palavra "imagem" possa referir-se "tanto a um empreendimento econômico, quanto a um partido político, uma diva do cinema ou a um sabonete, em suma, a qualquer objeto formador de opinião".[36] De um ponto de vista extremamente formal da técnica de marcas, qualquer coisa pode ser considerada "objeto formador de opinião", que tem sua realidade no ponto de vista da agência de publicidade à espera de encomendas. O decisivo são as encomendas, os interesses e o poder econômico que está por trás, bem como as funções determinantes. Do ponto de vista da técnica da manipulação só existe uma mesmice de objetos formadores de opinião, porque eles nada têm a ver com as suas particularidades objetivas, nem com sua produção ou alteração, mas unicamente com a opinião das massas sobre eles. O seu objeto de trabalho é a opinião, e ele desenvolve o seu meio de trabalho e de atuação, segundo as condições e aspirações deste seu objeto. Ou seja, ele se ocupa em recombinar impulsos e componentes da opinião, mudando suas funções, fortalecendo-os numa certa direção, enfraquecendo-os em outras etc.

Um discurso feito pelo Ministro da Defesa diante de pesquisadores de opinião[37] atesta o quão fascinante se afiguram essas técnicas na área das campanhas eleitorais. Esse testemunho é interessante, justamente porque reflete as experiências do orador de maneira absolutamente inquestionável. Na concepção de Helmut Schmidt, o campo das campanhas políticas é um mercado e o político um vendedor de si mesmo e do programa de seu partido. Apesar disso, ele não está entrando em "qualquer concorrência de mercado" – o significado disso evidencia-se na comparação com capitalistas. "Aparentemente, o político está concorrendo com o do outro partido. Mas, na realidade, ocorre em muitos casos que sua posição é bem diferente da industrial, bem diferente daqueles que produzem automóveis e têm de vendê-los no mercado, estando fora da influência modificadora do outro, do concorrente. Ele concorre apenas com a impressão que o outro causa na opinião pública. Quando os argumentos do outro são mais bem recebidos – isto sim é concorrência. Ele, então, precisa refletir se não deve alterar os seus rumos." "É", acrescenta Helmut Schmidt, "uma concorrência muito restrita." Neste sentido, a mencionada contraposição ao industrial praticamente inexiste. Ao contrário, as condições e as técnicas da "recepção" que Helmut Schmidt formula para o político aplicam-se primeiramente aos monopólios e às suas mercadorias. O que significa então dizer que a concorrência se limita à concorrência de impressões? É evidente que não são as qualidades objetivas das ofertas concorrentes a principal causa da concorrência. Portanto, não ocorre uma concorrência de valores de uso. Em primeira instância, concorrem sobretudo as imagens dos vendedores e das ofertas concorrentes. Qual a função dessas imagens, e como elas acontecem? "Os políticos precisam colocar-se como opção diante do público eleitor em intervalos mais ou menos regulares." Possivelmente é uma fraqueza – de qualquer modo, porém, é uma lei básica da "democracia" – "aquele que pretende ser eleito precisa se tornar o preferido, agradando a quem puder elegê-lo". Como agradar? Como tornar-se o preferido? Evidentemente, não é por meio de programas, nem de realizações objetivas. "Mesmo uma pessoa bem-sucedida não será eleita se não brilhar o suficiente na tela da TV." "Se uma pessoa, por exemplo, não é 'bem recebida' pelo telespectador, não é absolutamente por sua culpa, e para isso não importa a sua capacidade nem as qualidades de seu caráter." O que não conta, segundo a experiência adquirida por Helmut Schmidt – e reconhecida por ele também como norma de conduta –, é de quem e de que partido se trata, o que se quer e o que se faz. O que conta é a aparência, a impressão, a "recepção". Como impressionar os eleitores? Eles "são informados – ou enganados – sobre o seu provável candidato por ele mesmo". Como ele consegue enganá-los? "Para isto ele conhece os desejos, os interesses e as curiosidades presentes em seus corações." O que se manifesta aqui com uma inescrupulosidade ingênua é o "ponto de vista relativo à técnica de marcas". Quando quem decide é a "recepção", esta técnica é aplicada de acordo com as condições subjetivas da "recepção". Esse acesso igualitário dos políticos às conquistas da técnica de marcas não contém nem sinal de interesses sociais, tarefas, necessidades ou luta de classes. De resto – segundo a experiência e a concepção de Helmut Schmidt –, quanto menos contam as diferenças e particularidades objetivas, menos lhe interessam o porquê e o para quê de sua carreira como "recepção", cujas condições são vistas como autônomas por esta consciência. No pequeno âmbito das condições de ação e de ascensão – experimentadas por Helmut Schmidt –, conceber uma mera concorrência fantasmagórica de impressões pode estar correto mas, sobretudo, pode significar o sucesso operacional das carreiras individuais. Com sua evolução, a técnica de marcas também exerceu indiscutivelmente uma fortíssima influência sobre a política. Desse modo, Gerhard Voigt, por exemplo, destacou que Goebbels deve ser entendido em sua técnica propagandística como um "técnico de marcas", decisivamente influenciado por especialistas em publicidade e até mesmo pelo capital americano.[38] "Somente a partir desta técnica publicitária cínica e inescrupulosa" – já afirmou Lukács na *Destruição da razão* – "é possível representar a chamada ideologia dos fascistas hitleristas."[39] Voigt mostra, através do exemplo da usurpação linguística, como são decisivos os pontos de vista da técnica de marcas sobre a monopolização de determinadas expressões. "A usurpação linguística talvez mais rígida de Goebbels foi a apropriação da palavra 'propaganda', introduzindo-a na campanha política do NSDAP (Partido Nacional-Socialista dos Trabalhadores Alemães) e do Estado nazista. Já em 27.10.1933 a propaganda fixou-se como um conceito nacional-socialista no Segundo Decreto para a Execução da Lei da Publicidade Comercial, sendo proibida a sua aplicação na Economia." Por conseguinte, o Conselho de Publicidade Comercial Alemão informou aos seus membros que "as designações de mercadorias contendo a palavra 'propaganda', por exemplo, 'Café-Propaganda', 'Mistura-Propaganda' etc." não seriam mais permitidas. "Além desta proibição ... deve-se considerar fundamentalmente como indesejável o uso de palavra 'propaganda' visando à publicidade comercial.""Exatamente neste ponto", conclui Gerhard Voigt, "a área da política se separa da economia e se evidencia a identidade dos métodos."

6 A irrealidade da estética da mercadoria em contraposição à realidade do brinde comercial; furto em lojas como inversão para o brinde comercial à própria custa

Apesar da ampla identidade dos métodos e fenômenos, é muito discutível equiparar a "recepção" de mercadorias com a "recepção" de partidos e programas políticos – como Helmut Schmidt afirma ter experimentado. A política não é um artigo de consumo, nem é vendável.[40] Quando ouvimos que é preciso vender a política, isso não passa, a princípio, de uma metáfora oriunda dos jargões publicitários, ou melhor, da propaganda pela propaganda. Trata-se primeiramente de examinar separadamente os fenômenos da "recepção" – no galanteio amoroso, na poesia, na propaganda, na agitação política e na publicidade comercial. Não obstante, Helmut Schmidt percebeu com exatidão uma característica tendencialmente dominante do capitalismo monopolista: a substituição da concorrência de valores de uso pela concorrência de impressões, portanto, a enorme importância das técnicas de impressionar, diante das quais a realidade objetiva e os interesses pessoais não passam – repetindo a expressão de Bongard – de "objetos formadores de opinião" indiferentes. Onde a mera concorrência de impressões parece determinar o cenário da área de circulação, é compreensível que a algum observador crítico o valor de uso da mercadoria pareça perdido.

Comparemos o padrão das grandes lojas de hoje com as de antes de 1914. Pode-se perceber a diminuição da qualidade só nas próprias mercadorias, mas também na maneira como são apresentadas. Graças a uma aperfeiçoada técnica que arranca absolutamente tudo da matéria-prima, o estilo da apresentação da mercadoria utiliza a mera superfície até o mais extremo requinte. Comparadas ao estilo Luís XV, as mercadorias oferecem uma embalagem cada vez mais brilhante e fina, que promete cada vez mais e cumpre cada vez menos. A longo prazo, o desgaste mais rápido não fica sem consequências, como comprova a experiência. Por isso, os anúncios cada vez mais agitados. As mercadorias mesmo têm um desempenho bem menor daquele que realmente deveriam ter, até mesmo no sentido imanente ao sistema: se não oferecesse ininterruptamente aos compradores a ideologia da felicidade, as mercadorias dificilmente suscitariam o sentimento da felicidade. O seu conteúdo de realidade torna-se cada vez mais sutil, e vê-se então que o mundo das mercadorias chegou a um ponto no qual simplesmente precisa romper com a realidade.[41]

Há muito esse ponto foi alcançado no reino das aparências da estética da mercadoria, o que absolutamente não significa que as mercadorias não possuam mais valor de uso, mas elas não cumprem quase nada daquilo que a estética da mercadoria promete. À medida que a estética da mercadoria é "recebida" pelo comprador, determinando seu comportamento – até mesmo em como gastar dinheiro –, ele se vê numa situação comparável à de Tântalo, ludibriado permanentemente pelas mais belas ilusões de suas necessidades – ao tentar apanhá-las, elas desaparecem. "Tântalo é um consumidor inveterado."[42]

A dialética desse vazio funcional contraposto ao vício do consumidor correndo atrás de meras imagens expressa-se na plenitude inoportuna do brinde publicitário. No *Industriekurier* (*Correio da Indústria*), um assessor publicitário[43] fez sérias advertências a respeito da "grande tentação de deixar o brinde publicitário em sua apresentação deslumbrante parecer mais do que é". O destinatário escolhido para o brinde publicitário consistente é o grande consumidor capitalista, ou mesmo, no serviço público, o "parceiro comercial" do empresário, que geralmente ocupa o cargo de gerente do departamento de compras ou de secretário-chefe de uma outra empresa. Para ele pode ser um barrilzinho de cerveja revestido de cobre; para ela, uma fivela de prata para a bolsa. Alcança-se a pretendida "lembrança publicitária de utilidade", feita especialmente para aquele destinatário, exagerando-se o valor de uso. Nesse caso, é aconselhável que o "caráter dos produtos solicitados (ou dos serviços oferecidos) esteja representado no brinde publicitário", e mais de maneira simbólico-indireta do que inoportuna-direta.

O brinde comercial consistente faz propaganda à medida que nega o seu verdadeiro objetivo; de acordo com o seu ideal, ele é e não é o que é, tal como a obra de arte surrealista. Ele tem de representar a firma ou a mercadoria solicitada, endereçando-se, ao mesmo tempo, somente à pessoa do destinatário. Para cumprir sua tarefa, num caso ideal, ele deve se esforçar para ser discreto, a fim de que o destinatário não fale como o poeta: "Percebe-se a intenção e fica-se mal-humorado". Por conseguinte, um fabricante exigiu dos brindes publicitários: "A expressão brinde publicitário deveria ser realmente proibida".[44] Em razão disso, na linguagem erudita camuflada, inspirada no inglês americano, eles são chamados de "contacts". "Afinal", acrescenta o citado empresário numa camuflagem moderna, "são meios de comunicação."[45] Os brindes publicitários cumprem a sua função num estranho cruzamento de ser e parecer. Eles ocupam também o lugar de uma outra coisa; devem representar alguma coisa. Contudo, sua maneira de representar não é apenas aparentar, mas ser, enquanto representa. Eles cumprem o seu objetivo "à medida que representam a utilidade". Sendo úteis e afirmando-se, portanto, como valores de uso, eles passam a prometer valores de uso de um outro produto, a mercadoria-padrão do autor do presente. Nessa relação entre capitalistas ou agentes do capital, a promessa do valor de uso é projetada, portanto, para o futuro comprador, não como aparência, mas sim como ser que substitui e representa outra coisa. O valor de uso acentuado, porém, heterogêneo aqui, corresponde à mera aparência de valor de uso exagerada lá. No ser representante do brinde publicitário a aparência é objetivada; a aparência surge aqui exatamente como não aparência. A ideia de sua plenitude deve acompanhar a da mercadoria-padrão do autor do presente.

O brinde publicitário difere da "amostra grátis". Esta destina-se diretamente às massas consumidoras e o primeiro, ao grande comprador capitalista. O brinde publicitário corteja o grande comprador capitalista através da plenitude lisonjeira do valor de uso adjunto; as amostras grátis são porçõezinhas de artigos de marcas, distribuídas aos compradores varejistas potenciais. A amostra grátis contém essencialmente a apresentação e a embalagem dos artigos de marca; uma vez que embalagens vazias dificilmente seriam aceitas, ela contém pequenas quantidades do respec-

CRÍTICA DA ESTÉTICA DA MERCADORIA

tivo valor de uso como material atrativo. Uma das firmas que capitaliza esse ramo da propaganda – a Felicitas-Geschenkdienst (Serviço de Presentes Felicitas) dirige-se, sobretudo, a recém-casados. A empresa "deu ao ato de 'cortejar' e 'presentear' um invólucro cerimonioso, que fortalece o efeito". Vê-se que na visão de mundo prático do capitalista e também na visão teórica de seu jornalista, o conceito de embalagem como promotora de vendas transfere-se da mercadoria isolada para fenômenos imateriais complexos; neste caso, o fenômeno da distribuição de embalagens publicitárias. O modo como o fenômeno é "embalado" – sempre numa visão burguesa afirmativa – surge na seguinte descrição. Os pacotinhos de amostras não são simplesmente enviados. "A empresa de Frankfurt prefere aproveitar habilmente o efeito positivo da sentimental Auf-du-und-du-Masche (Busca de intimidade). Cerca de quatrocentas demonstradoras, em geral casadas e que podem falar de suas experiências à jovem noiva, visitam os casais de noivos recém-anunciados ... Na conversa esclarece-se a jovem noiva ... a respeito das vantagens dos produtos contidos no brinde Felicitas. E para que todo o esforço seja frutífero, as demonstradoras são escolhidas segundo normas rigorosas. Precisam ter boa aparência e devem ser, ao mesmo tempo, charmosas, inteligentes e flexíveis."[46] Se nesse acontecimento entregam-se apenas embalagens, a aparência, o comportamento e as falas das "demonstradoras" atuam como embalagens vivas do fenômeno. Em vez de usarem meros invólucros, as pessoas são usadas como invólucros, a fim de dissimular a desconfiança contra meros invólucros. O "Auf-du-und-du-Masche" nada mais significa além daquilo para o qual as demonstradoras foram pagas: para agir como embalagens semelhantes a pessoas cativantes, independentes, seguras, que confiam-nos suas próprias experiências. A essência humana dessas "demonstradoras" é calculada pelo capital como aparência, pela qual somos ludibriados no caso da amostra grátis. Para as demonstradoras, por sua vez, isso significa alugar sua força física e espiritual ao capital, que se apropria da expressão dessas forças, fantasia-se com elas, fazendo uma boa figura diante da massa consumidora, sendo "ao mesmo tempo charmosa, inteligente e flexível".

A inversão arbitrária da amostra grátis cometida pelo consumidor varejista e concretizada de uma maneira não intencional pelo capital afigura-se como uma caricatura e, ao mesmo tempo, como uma prova cabal: o furto em lojas. As lojas de departamento e as lojas *self-service* da Alemanha Ocidental contabilizavam para 1971 uma perda de mercadorias por furto estimada entre 800 milhões e 1 bilhão de marcos.[47] Segundo estatísticas do Departamento de Polícia Federal, em 1970 foram presos 147.315 ladrões de lojas, 26% a mais que em 1969 e quase o quádruplo em comparação com 1963. Na rede Karlstadt, o número de casos descobertos aumentou em 50%. O truste viu-se obrigado a propor a realização de um congresso em Siegen para discutir a questão de furtos em lojas, contratando para isso o professor Wolfgang de Boor, da Universidade de Colônia, que dirige um instituto de pesquisas sobre conflitos. Durante a discussão sobre furtos em lojas, o complexo funcional da estética da mercadoria tornou-se o centro de interesse dos agentes do capital, que, por sua vez, viram-se veementemente confrontados com o fato de que se rouba pelos mesmos motivos ... pelos quais normalmente se compra. Werner Heinl, vice-presidente do Departamento de Polícia Federal, relaciona a estética da mercadoria ao furto em lojas, enfatizando que "geralmente se mede a qualidade da propaganda nas lojas *self-service* pelo número de furtos nelas cometidos".[48] De Boor chama de "oferta sedutora esta riqueza provocativa", e conclui que "ambos, comprador e ladrão", cedem aos mesmos impulsos. Do mesmo modo, na brochura *Combate ao furto em lojas*, editado pela Assessoria Econômico-Industrial para o Comércio Varejista, Victor Scheitlin vê o motivo para o aumento dos furtos em lojas na "tendência recente de apresentar as mercadorias e as ofertas de maneira tão tentadora que desperta em todos uma necessidade espontânea de comprar". Acrescentam-se a isto as particularidades das lojas *self-service*. Não só "deixou de existir a relação pessoal entre o criminoso e o proprietário de um supermercado", mas eliminaram também os "atendentes", o que significa, sobretudo: o ato de vender não encerra mais nenhuma conversa, são as próprias mercadorias, sua apresentação e arrumação que exercem de forma objetiva todas as funções de venda. *Self-service* pode se tornar, nessas condições, um sinônimo de apropriação sem equivalentes. O motivo é óbvio: embora o complexo funcional da estética da mercadoria deva levar o mais forçosamente possível ao ato de compra – e seu ideal funcional seria a necessidade de comprar –, ele não consegue fazê-lo diretamente. Se uma propaganda contiver a solicitação direta "Compre!", dificilmente alguém comprará. Se o "prazer de comprar" pudesse ser despertado diretamente como tal, o furto em lojas não seria um problema. A estética da mercadoria cumpre sua função somente no tocante às necessidades. No caso de determinadas mercadorias, ela precisa aguçá-las e coagi-las com toda intensidade. Seu

CRÍTICA DA ESTÉTICA DA MERCADORIA

sucesso está em uma determinada necessidade de exigir imperiosamente a apropriação da mercadoria "anunciada". A forma da apropriação fica em aberto. Ela pode apenas colocar no mundo imagens para as quais os seus destinatários afluem, ansiosos por mercadorias. Desse modo, o sinal de sucesso deve ser visto não só no volume de vendas, mas também no índice de furtos.[49]

7 Segundo efeito da monopolização: inovação estética – o que está em uso torna-se antiquado; Largue o velho! Pegue o novo! os discos velhos são chatos! as gravatas tornam-se mais largas; a saída da confecção masculina da crise de 1967: quem usa cinza é covarde; adolescentes como clientes ideais, por conseguinte a obrigação de ser jovem

Com o aumento da produtividade, o problema da realização assume uma nova forma para os oligopólios. As forças produtivas organizadas do capital privado não mais se defrontam com os muitos vendedores concorrentes como um limite, mas diretamente com a barreira das relações de produção que definem a necessidade social desde que a demanda seja solvente. Numa sociedade como a americana, uma grande parte da demanda total – como observaram Baran e Sweezy – "baseia-se na necessidade de substituir uma parte dos pertences por bens de consumo duráveis, tão logo eles se deteriorem".[50] Uma vez que o caminho para a diminuição do trabalho em toda a sociedade levaria à abolição do capitalismo, o capital depara agora com a grande durabilidade de seus produtos. Uma técnica que responde a essa questão – sobretudo na área dos artigos de consumo duráveis, como automóveis, eletrodomésticos, lâmpadas e produtos têxteis –, consiste em piorar a qualidade dos produtos. Essa técnica modificou radicalmente o padrão do valor de uso em várias áreas do consumo privado, levando à resistência e durabilidade

CRÍTICA DA ESTÉTICA DA MERCADORIA 53

menores. Essa técnica de diminuição do tempo de uso foi discutida sob o conceito de "obsoletismo artificial", traduzido pela expressão "deterioração do produto". As mercadorias são fabricadas com uma espécie de detonador, que dá início a sua autodestruição interna depois de um tempo devidamente calculado.[51] Uma outra técnica consiste em diminuir a quantidade mantendo o tamanho da embalagem. Uma forma intermediária entre a deterioração qualitativa do produto e a diminuição quantitativa seria, por exemplo, o adelgaçamento dos tecidos. Mercadorias que se prestam especialmente à diminuição quantitativa são os víveres e as substâncias semelhantes do consumo privado, que podem ser empacotados e vendidos em embalagens de marca. Se o preço e a apresentação de um pacote de massas alimentícias mantêm-se inalterados, diminuindo-se, porém, o conteúdo, surge então uma nova expressão da mercadologia prática, o conceito de "altura de enchimento". Ele designa até que altura o pacote – ainda – está cheio. Essa expressão surge então quando os pacotes são regularmente vendidos em parte vazios. Como o espaço vazio – que torna perceptível a altura de enchimento – é acessível à percepção consciente, determinadas firmas passaram a colocar espertamente na embalagem um fundo falso. Desse modo, o truste Henkel de Khasana, por exemplo, com a marca Creme 21, começou a concorrer com a marca Nivea, de Beiersdorf. Foi assim: por um preço de 2,90 marcos ofereceram-se latas com 150 cm³, que pareciam consideravelmente maiores que as latas de 150 cm³ da Nivea, ao preço de 2,60 marcos. O efeito foi alcançado por meio de um espaço vazio de aproximadamente 6 mm a 13 mm de altura na parte interna da lata, invisível por fora. Mais do que na física é válido no mercado capitalista de mercadorias: a ação produz a reação. Beiersdorf lançou uma lata de creme Nivea no mercado, cujo fundo falso acabou superando o da Henkel; a lata, com uma aparência bastante semelhante à de 150 cm³ da Henkel de Khasana, continha apenas 100 cm³, ao preço de 2,50 marcos.[52]

A diminuição qualitativa e quantitativa do valor de uso é compensada geralmente pelo embelezamento. Mas, mesmo assim, os objetos de uso continuam durando demais para as necessidades de valorização do capital. A técnica mais radical não atua somente no valor de uso objetivo de um produto, a fim de diminuir o seu tempo de uso na esfera do consumo e antecipar a demanda. Essa técnica inicia-se com a estética da mercadoria. Mediante a mudança periódica da aparência de uma mercadoria, ela diminuiu a duração dos exemplares do respectivo tipo de mercadoria ainda atuante na esfera do consumo. Essa técnica será denominada, a seguir, inovação estética. A sua completa evolução e a sua aplicação sistemática em toda a abrangência, sobretudo na parte do mundo das mercadorias destinadas ao consumo privado, pressupõe a subordinação dos valores de uso às marcas, ou seja, à vitória da mercadoria monopolista – assim como toda marca tenciona estabelecer um monopólio estético. Não obstante, a inovação estética – tal como outras técnicas semelhantes – não chega a ser historicamente uma invenção do capitalismo monopolista, mas é nele que ela comumente se desenvolve, lá onde a função econômica, que a fundamenta, se torna atual. Kulischer, em sua *História geral da economia*, cita um decreto do século XVIII que comprova que a inovação estética já era empregada conscientemente como técnica naquela época. Um regulamento promulgado em 1755 pela indústria de algodão da Saxônia diz que o bom funcionamento da "fábrica" – que aqui significa tanto quanto oficina, pois o produtor era ainda um intermediário (as mercadorias eram produzidas de maneira descentralizada por pequenos contramestres para o intermediário capitalista) –, portanto, exige que "ao lado dos tecidos finos sejam manufaturadas periodicamente também as mercadorias propriamente ditas, de acordo com as invenções mais recentes e com bom gosto".[53] Reparem bem: o argumento não é o bem-estar do comprador, como aconteceria do ponto de vista do valor de uso; o argumento é o bem-estar do empresário, ou seja, segundo a perspectiva do valor de troca visando à reiteração da procura. Mesmo não sendo uma invenção do capitalismo monopolista, é somente nele que a inovação estética adquire um significado predominante em todos os setores decisivos da indústria do consumo e fundamental para a organização capitalista dessa indústria. Jamais ela atuou de maneira tão agressiva. Tal como os *slogans* políticos, os cartazes nos mostruários das grandes lojas de departamento anunciam os desejos do capital que os clientes devem entender como uma ordem. "Largue o velho! Pegue o novo!" foi, por exemplo, a solução encontrada recentemente por uma rede de lojas de móveis. A empresa fonográfica Polydor – associada à Deutsche Grammophon-Gesellschaft e dirigida pelos trustes Phillips e Siemens sob o nome Polygram – distribuiu ao comércio varejista um pôster publicitário com o seguinte *slogan*: "Os discos velhos são chatos!". Uma ilustração produzida com todos os recursos artísticos atuou evidentemente como manual de instruções: ela representava a ruína dos discos "velhos", mostrando-os

CRÍTICA DA ESTÉTICA DA MERCADORIA

violentamente empenados, queimados, derretidos e quebrados. É este o sonho e o desejo dos monopólios.

Os consumidores vivenciam a inovação estética como um destino inevitável, embora fascinante. Na inovação estética, as mercadorias deslocam-se em sua manifestação como que por si mesmas, mostrando-se como objetos sensível-suprassensíveis. O que aparece aqui refletido nas mudanças no invólucro e no corpo da mercadoria é o seu caráter de fetiche na singularização do capitalismo monopolista. A aparência preservada significa que as coisas como tais modificam-se por si mesmas. "As gravatas tornam-se mais largas e coloridas", assim se expressa em sua linguagem fluente o jornal *Die Welt*.[54] Mesmo sendo inadequada num caderno de Economia – como seus redatores bem o sabem –, esta formulação, tão decididamente direcionada à superfície, ilustra adequadamente o que os compradores e os usuários vivenciam. As gravatas são vistas – assim como as saias, as camisas, as calças, os sapatos, os móveis etc. – como parte da *natura naturans* do mundo das mercadorias. As gerações de mercadorias diferenciadas esteticamente substituem-se naturalmente, como uma estação à outra. Do ponto de vista dos capitalistas, o fenômeno se passa de maneira bem diferente; ele ocorre para eles na esfera da *natura naturata* de seu capital, do que foi feito a seu serviço – com muito medo! Estão sempre precisando confirmar a "necessidade" social – e não passa disso o valor de uso de suas mercadorias – para alcançar o objetivo da sua perspectiva da valorização. A grande quantidade de gravatas em uso, a riqueza de gravatas da sociedade são a barreira e o pesadelo do respectivo capital aplicado. Agora, os seus *designers* recebem a incumbência de esboçar uma nova imagem para a gravata, a fim de tentar estabelecer com a nova moda uma nova "necessidade". Segundo o impulso deles, a inovação estética é essencialmente caducidade estética; o novo como tal não lhes interessa. O seu objetivo determinante é a caducidade do que existe, a sua dispensa, a sua eliminação, a sua repressão. A falta de planejamento e o direcionamento ao lucro da economia obrigam a isto. A recessão econômica de 1966-1967 acarretou uma ofensiva de inovações estéticas no ramo de roupas masculinas. "Neste ano", publicou a revista *Der Spiegel* em 1967,[55] "as confecções de roupas masculinas deverão ter a maior queda de faturamento de todo o setor: de até 600 milhões de marcos ou 20% a menos do que no ano passado (média do setor: 10%). A miséria atingiu uma indústria vencedora, que desde 1950 havia aumentado três vezes as suas vendas e criado grandes empre-

56 WOLFGANG FRITZ HAUG

sas com um faturamento de mais de 100 milhões de marcos." O setor reagiu com um aumento imediato da verba de sua Associação de Propaganda de Roupas Prontas Ltda. A pesquisa do padrão do valor de uso vigente mostrou o que já se sabia, "que a grande maioria dos homens continua não querendo 'chamar a atenção', desejando apenas uma aparência 'atemporal' e 'séria'". Expressando e quantificando em cores: "cerca de 60% das peças de roupas", concluiu-se, "são cinzas". A associação de propaganda do setor solicitou à agência de propaganda Gilde, de Hamburgo, uma ofensiva rumo à inovação estética, mais exatamente à caducidade estética das peças de roupas existentes predominantemente cinzas, ainda em uso e em bom estado. Resultaram *slogans* que mobilizaram medos potenciais para abalar o padrão válido de aparência do cidadão decente, ordeiro e asseado. "Quem usa cinza é covarde", proclamou-se. "Casacos velhos engordam!" "Ternos velhos fazem os homens parecer cansados!" "Usar sempre o mesmo casaco é como comer comida requentada. É enfadonho." Velho – e isto significa concretamente: mais velho que uma estação – e cinza deveriam equivaler a covarde, cansado e enfadonho.[56] Aqui, a alteração estética das gerações de mercadorias atinge as pessoas mudando a sua imagem junto com a das mercadorias. Pressionado pela crise, o mecanismo de lucro desencadeia uma tendência que transforma a imagem do homem e do que é masculino. Mas o fenômeno tem ainda outra dimensão que afeta o destino de milhões de pessoas. "Somente cerca de 2% – na maioria adolescentes –" declaravam-se em 1967 adeptos de roupa de moda, comprando-as sobretudo em butiques, a qual por sua vez, recebia as suas mercadorias predominantemente do exterior. A campanha para a inovação estética das confecções masculinas teve, portanto, de começar com esses "clientes ideais". Ao propagar uma nova geração de ternos, camisas e casacos, ela propagou também a jovialidade daqueles clientes ideais. Uma parte da subcultura da juventude forneceu a base estética sobre a qual a indústria de confecções se apoiou para superar a crise com uma nova geração de mercadorias. Desse modo, ela propagou, ao mesmo tempo, a jovialidade como acessório da nova linguagem padronizada. As características naturais de muitas gerações masculinas tornaram-se antiquadas junto com a geração de mercadorias já superada. A fetichização da juventude e a obrigatoriedade de ser jovem têm uma de suas causas na inovação estética, e são apenas uma expressão e uma técnica de desvio numa situação na qual as relações de produção se tornaram amarras incisivas para as forças produtivas. As

CRÍTICA DA ESTÉTICA DA MERCADORIA

técnicas de desvio fazem que o irracionalismo domine nossa sociedade até mesmo nas menores coisas de uso diário. No setor têxtil, na indústria automobilística, nos gêneros alimentícios,[57] nos eletrodomésticos, livros, remédios e cosméticos, as constantes inovações estéticas transformam de tal maneira o valor de uso que o consumidor fica atordoado. Nessas circunstâncias quase não adianta insistir na perspectiva do valor de uso. Essa tendência é inevitável no capitalismo. Ela é ainda o menor dos males que o capitalismo tem a oferecer no momento. Enquanto o fascismo e a guerra não expandirem de vez a procura por produtos militares, de tal modo que as forças produtivas não mais se choquem contra os limites cada vez mais estreitos das relações de produção, a inovação estética firma-se numa sociedade capitalista com estruturas oligopolistas. Ela submete a uma transformação incessante todo o mundo de coisas úteis, no qual as pessoas articulam as suas necessidades na linguagem dos artigos compráveis, em virtude de sua inclusão na produção de mercadorias no capitalismo monopolista. A inovação estética como portadora da função de reavivar a procura torna-se uma instância de poder e de consequências antropológicas, isto é, ela modifica continuamente a espécie humana em sua organização sensível: em sua organização concreta e em sua vida material, como também no tocante à percepção, à estruturação e à satisfação das necessidades.

Notas

1 Karl Marx, *O Capital*, v.1, *Obras completas de Marx e Engels*, v.23, p.127.

2 Não será diferente com o capitalista preocupado com a venda de suas mercadorias e com o futuro lucro; a ele, a propaganda oferece os seus serviços com uma aparência gentil, até a prazo. "Anuncie hoje, fature e lucre amanhã e pague depois de amanhã." A firma Leasing – Propaganda e Financiamento para o Comércio e Indústria Ltda. trabalha com *leasing* publicitário na Alemanha Federal. "O *leasing* publicitário", assim explica o autor da iniciativa e gerente H. Mietmann, "é a charmosa transformação da propaganda em parcelas. Nós partimos do princípio de que um grande número de empresas e instituições não pode fazer propaganda, quando é realmente necessário." A taxa de juros deve ficar por volta de 9,6% ao ano; os clientes são principalmente empresas de médio porte. Quando elas precisam de propaganda, mas não podem pagar, prometem à gentil empresa a charmosa transformação no lucro esperado, tal como no conto de fadas a filha do moleiro prometeu o seu primeiro filho para Rumpelstilzchen, para o qual ele teceu a palha transformando-a em ouro. Se o lucro, entretanto, não ocorre ou é menor do que o esperado, então a corda das dívidas aperta ainda mais o pescoço da empresa de médio porte, quebrando-a.

58 WOLFGANG FRITZ HAUG

3 As formulações do jovem Marx, citadas em parte literalmente e em parte parafraseadas, são do trecho "Necessidade, produção e divisão de trabalho" dos *Manuscritos parisienses*; cf. *Obras completas de Marx e Engels*, apêndice 1. p.546ss.

4 A propaganda começa também com grupos de mercadorias que "foram oferecidas fora da clientela habitual ou que surgiram de repente no mercado" (Werner Sombart, *O capitalismo moderno*, Munique, Leipzig, 1924, v.II/1, p.410), ou seja, no caso de mercadorias especiais e novas. Sombart enumera seis grupos de mercadorias para as quais, já antes do desenvolvimento do capitalismo industrial, "o anúncio era o mediador entre o comprador e o vendedor": 1. livros (desde o século XV); 2. supostos remédios; 3. novos alimentos, guloseimas, como chá, chocolate etc.; 4. novas invenções (telescópio, perucas, loção para cabelos etc.) 5. novas mercadorias provenientes do comércio exterior (amêndoas, castanhas, vinhos estrangeiros; na Inglaterra, por exemplo, vinhos franceses e portugueses); 6. oportunidades (reduções em razão de viagem ou falta de espaço para os produtos). Sombart conclui esse catálogo "com uma palavra: nenhum anúncio da concorrência! ... A ideia de concorrência é ainda desconhecida no mundo dos negócios" (ibidem).

5 *O Capital*, v.1, p.124.

6 *Obras completas de Marx e Engels*, apêndice 1, p.555.

7 Cf. ibidem, p.546ss.

8 Ibidem, p.556.

9 Joseph Kulischer, *História da economia geral da Idade Média e dos tempos modernos*. Munique, v.2, p.27. Como fonte Kulischer cita Franklin, *O café, o chá e o chocolate*, p.109ss.

10 Cf. Kulischer, ibidem, Franklin, loc. cit., p.I ss., 76ss.

11 Bernard Mandeville, *A fábula das abelhas*, Berlim: Aufbau 1957, p.322ss. (Na reimpressão dessa edição, com introdução de Walter Euchner, Frankfurt, 1968, p.389.)

12 Friedrich Engels, Aguardente prussiano no Parlamento Alemão. *Obras completas de Marx e Engels*, v.19, p.40. Contrário a uma retirada do absolutismo feudal prussiano da agitação política, difundida na social-democracia e vinculada a ilusões socialistas, Engels utiliza este tema para desmascarar a posição reacionária da nobreza rural. "A única indústria que conseguiu isso com efeitos devastadores – e isso não contra o próprio povo, mas contra estrangeiros – foi a indústria inglesa-indiana de ópio, intoxicando a China" (ibidem, p.42).

13 *O Capital*, v.2, *Obras completas de Marx e Engels*, v.24. p.146ss.

14 Faz-se negócios correndo o risco dos negócios. Os serviços da firma publicitária devem, por outro lado, assegurar que o valor incorporado na mercadoria quebre o pescoço em sua existência de encalhe. A firma de Munique Ixarus Paraquedas-Propaganda Ltda. & Co Filme e Foto, fundada em 1971, comprova que o negócio com propaganda não é sempre sem risco. Assemelha-se a um ritual mágico de aceitação de riscos, a fim de retirá-los das preocupações do cliente, quando a empresa quer vender anúncios e relações públicas por meio do paraquedismo. "Os empreendedores e sócios são quatro paraquedistas alemães que, através de várias pesquisas feitas na indústria, tiveram a ideia de fundar a empresa" (*Blick durch die Wirtschaft*, 25.8.1971).

CRÍTICA DA ESTÉTICA DA MERCADORIA 59

15 *O Capital*, v.2, *Obras completas de Marx e Engels*, v.24, p.132.

16 Walter Benjamin, *Charles Baudelaire. Um lírico no auge do capitalismo*, Frankfurt, 1969, p.58.

17 *Printer's Ink*, impresso de 1905; citado por David M. Potter, *People of Plenty*, Chicago, 1954, p.170ss. (Cf. Baran/Swezy, *Capital monopolista*, p.120.)

18 Se os caracteres dos nomes dos artigos de marca são assim constituídos, então no futuro toda mercadoria daquela espécie de valor de uso, que não leva o nome da marca e fornece outros caminhos de venda mediante o mesmo truste, se chamará "mercadoria anônima". (Cf., por exemplo, o *Frankfurter Allgemeine Zeitung* de 23.9.1971, p.14.)

19 "Desde que a United Fruit fez, em 1967, das bananas um artigo de marca na Alemanha, a empresa pôde vender por volta de 900 mil toneladas do produto" (*Frankfurter Allgemeine Zeitung*, 21.7.71). Em 1970, a Alemanha Ocidental importou um total de 512 mil toneladas. A United Fruit Company importou para a Alemanha Ocidental, no primeiro trimestre de 1971, 67 mil toneladas de bananas (comparadas com 44.500 toneladas na mesma época do ano anterior). A cota do mercado da United Fruit Company ambiciona atingir 50%.

20 A formação do publicitário mostra claramente que a elaboração da "marca" não tem, a princípio, nada a ver com o produto que deve atuar como artigo de marca. Na antiga Academia de Artes Gráficas, Impressão e Propaganda havia normalmente trabalhos finais que tinham como meta a elaboração de marcas e a divulgação de artigos não existentes. Esses trabalhos eram avaliados de acordo com sua recepção por parte de um determinado grupo-alvo, mesmo quando os critérios relativos à recepção ficavam, em parte, ocultos nas avaliações estético-formais.

21 *Frankfurter Rundschau* de 23.6.1971 – o artigo se baseia em uma análise que o Centro de Pesquisa Comercial executou a pedido do Departamento Federal de Cartéis.

22 *Der Spiegel*, n.5, p.54ss., 1971 – fonte também das informações sobre a lei do vinho.

23 Ibidem, 8-7, p.76, 1964.

24 Ibidem.

25 *Frankfurter Allgemeine Zeitung*, 20.7.1971; fonte também das outras informações sobre o caso Deinhard. Do ponto de vista dos monopólios de marca – e o órgão da associação de marcas defende este ponto de vista, "artigos de marca" – é um pressuposto, "para uma utilização eficiente da marca", que a estrutura simbólica de sua marca e seus componentes característicos sejam, como tudo, propriedade privada. O ponto de vista dos monopólios de marca é articulado pelo professor Kraft, cuja reclamação interessada de privilégios para seu cliente tem algo de esclarecedor, aliás como toda linguagem aberta de interesse. No seu posicionamento contra o "julgamento Sirena", pela corte europeia, Kraft se dirige "contra um possível tratamento diferenciado de marcas e patentes, que foi lembrado no julgamento Sirena. O desempenho empresarial existente atrás de cada símbolo utilizado é, na verdade, de outro tipo, mas de modo algum, de antemão, menor ou de menor valor do que o desempenho do proprietário, por exemplo, de um direito de proteção técnica" (*Blick durch die Wirtschaft*, 6.9.1971).

WOLFGANG FRITZ HAUG

26 De acordo com um relatório da Deutsche Presse Agentur (Agência Alemã de Notícias) de 29.9.1970.

27 *Frankfurter Rundschau* de 10.12.1970. Lá foi declarado, para 1970, um lucro do truste de 3,3 até 3,4 bilhões de marcos, do qual, entretanto, somente uma parte está relacionada ao sabão em pó. O cálculo das despesas publicitárias em porcentagem do faturamento de um setor é extremamente desnorteador, no bom sentido. As despesas publicitárias dos trustes estão relacionadas, nesse modo de calcular, ao faturamento do varejo. Aparentemente, esse modo de calcular justifica-se pelo fato de os próprios trustes fazerem a propaganda para o seu artigo de marca, dirigindo-se assim aos compradores em potencial. Relacionando os custos com propaganda aos custos com a produção, resulta um quadro radicalmente diferente. Assim, a Chesebrouh – Pond's Inc., a terceira produtora de cosméticos do mundo, no que se refere ao faturamento, faz um balanço para 1970 mostrando que, no balanço consolidado em faturamento de 261 (depois 231) milhões de dólares, os custos de produção (de 108 milhões de dólares) eram, a princípio, menores do que os custos para venda, propaganda e administração, no valor de 112 milhões de dólares" (*Frankfurter Allgemeine Zeitung*, 14.8.1971). Nos "custos de produção" aqui apresentados de 108 milhões, parte do lucro deve ser alcançada de forma dissimulada, ao lado dos custos de uma apresentação que promova a venda da inovação estética etc., de modo que as relações possam ser bem mais drásticas do que mostra a relação de 108 para 112. No ramo de sabão de pó, a cota dos custos reais de produção fica bem mais abaixo.

28 *Der Tagesspiegel*, 6.11.1969, p.20. Lá são citados os seguintes números: faturamento anual de produtos alimentícios e guloseimas em 1968: 63 bilhões de marcos; indústria química com 44,8 bilhões e construção de máquinas com 44,5 bilhões de marcos. Dois trustes estrangeiros tiveram o maior faturamento: Unilever, com aproximadamente 2 bilhões de marcos, e Nestlé, com mais de um bilhão, seguida do truste Oetcker.

29 Willi Bongard, *Fetiche do consumo, retrato dos artigos de marca clássicos*, Hamburgo, 1964, p.25.

30 Ibidem.

31 Ibidem, p.26.

32 Ibidem, p.25.

33 Ibidem, p.187.

34 Ibidem, p.28, nota de rodapé.

35 Na Alemanha Federal foram gastos, em 1970, mais de 3,7 bilhões de marcos só com propaganda nos meios de comunicação de massa. Estes gastos aumentaram por volta de 8,8% em relação ao ano anterior, como constatou a Sociedade de Estatística Publicitária Schmidt & Pohlmann, de Hamburgo. Mais ou menos a mesma quantia, ou seja, anualmente por volta de 4,4 bilhões de marcos, o comércio varejista da Alemanha Ocidental investe nos pontos de venda (*Frankfurter Rundschau*, 26.2.1970). Quase não dá para avaliar o que é gasto com a imagem dos artigos de marca, dos trustes e principalmente com a inovação estética periódica. De acordo com o cálculo do Baran und Sweezy, "as mudanças nos modelos dos carros" custaram aos Estados Unidos da América "por volta de 2,5% do seu produto interno

CRÍTICA DA ESTÉTICA DA MERCADORIA

bruto, no final dos anos 50!" (*Capital monopolista*, op. cit., p.138). Sem dúvida, "os custos com propaganda só podem ser comparados com a ponta visível de um *iceberg*." (Carola Möller, *As funções sociais da propaganda de consumo*, Stuttgart, 1970, p.44). De acordo com os cálculos de Fritz Klein-Blenkers, os custos com propaganda foram avaliados, em 1966, em 13,6 bilhões de marcos para a economia da Alemanha Ocidental, excetuando os custos com propaganda embutidos em outros tipos de gastos, o que corresponde a 2,85% do produto nacional bruto (de acordo com C. Möller, op. cit.). Möller transcreve, como "apresentação da mercadoria", o complexo funcional abstrato, cujo custo total representa o *iceberg*, do qual os 13,6 bilhões de marcos de 1966 só são a ponta aparente, e para o qual o conceito de estética de mercadoria é usado. O conceito "apresentação da mercadoria" pretende abranger "toda a exterioridade da mercadoria, começando com a configuração do produto, passando pela configuração ambiental publicitária até a propaganda posterior" (ibidem, p.13, nota de rodapé). A expressão "apresentação" foi tirada do inglês americano. Este conceito mais abrangente, que destaca o momento da oferta, tem suas vantagens se comparado à fixação funcionalmente cega na propaganda. "A estética da mercadoria" destaca o meio da bela aparência ao lado da determinação funcional; ao mesmo tempo, esse conceito inclui no contexto a ser pesquisado, a sensualidade humana, com a qual a bela aparência conta.

36 Bongard, op. cit., p.25.

37 Helmut Schmidt, O poder da informação, *Die Zeit*, n.52, 25.12.1970, p.36.

38 Gerhard Voigt, *Sobre a crítica das teorias da linguagem do nacional-socialismo*. Berlim, dezembro de 1970 (sem impressão). Tese de mestrado. Interessante aqui é o apêndice sobre "Goebbels como técnico de marcas".

39 Georg Lukács, A *destruição da razão*, Neuwied, p.633, 1962, citado em Voigt, op. cit.

40 Cf., por sua vez, do lado social-democrata, J. Feddersen, A política tem de ser vendida, *A Nova Sociedade*, v.V, p.21-26, 1958.

41 Wilhelm Alff, *O conceito do fascismo e outros ensaios sobre história contemporânea*, Frankfurt, 1971, p.23ss., nota 17.

42 Gert Mattenklott, *Serviço das imagens. Oposição estética em Beardsley e George*, Munique, 1970, p.116.

43 H. L. Blies, O alcance do brinde comercial, *Industrie Kurier*, 30.4.1970; edição especial "cortejar com presentes".

44 De acordo com o *Frankfurter Allgemeine Zeitung*, 2.9.1971, p.17: "Brinde comercial como meio de contato". Ernst Gotta, da fábrica de produtos de couro Ludwig Gotta OHG, autor da frase citada, começou com o nome Gottapac a produção em um ramo que teve, como Gotta diz, "nos últimos anos um 'progresso meteórico'". Trata-se de "embalagens plásticas com uma segunda utilidade, como maletinhas, estojos e outras possíveis embalagens para bebidas, café, chá, doces, tabacaria, cosméticos e brinquedos. Elas podem ser reaproveitadas pelo consumidor de outra forma depois do uso dos respectivos produtos" (*Frankfurter Allgemeine Zeitung*, 2.9.1971). O comprador, que paga muito por tudo isso, é estimulado a comprar pela aparência, como se recebesse de presente algo adicional.

45 Ibidem. Seu produto "sopra", segundo o *Frankfurter Allgemeine Zeitung*, "o chique de butiques elegantes". "Em média, os produtos presenteados pelo empresário aos colegas custam entre 25 e 30 marcos. No Natal gasta-se certamente mais." A hierarquia dentro de um truste, como na ordem de grandeza dos capitais, corresponde à hierarquia do brinde comercial. Por fim, essa técnica ingressa no interior dos trustes. Com "presentes", o capital corteja através de uma "fidelidade adicional à empresa" e do investimento total da força de trabalho.

46 *Blick durch die Wirtschaft*, 1º.9.1971. O faturamento da Felicitas foi, em 1970, de 4,5 milhões de marcos. A empresa ampliou "o seu leque de ofertas por meio de outros serviços: através do serviço de presente para 'mãe e filho', bem como pelo serviço de promoção de vendas Felicitas. Além disso, encontra-se em estruturação o serviço Felicitas de autoescola, que deve entregar a todos os novos motoristas um presente como gratificação pela aprovação no exame". Entretanto, a fim de diminuir os custos com a remessa e alcançar um melhor efeito propagador, foram desenvolvidas, recentemente, técnicas para fixar com cola plástica as amostras, diretamente nos respectivos anúncios publicitários. Sobretudo os cosméticos são distribuídos desta maneira. Enquanto um pedacinho do corpo da mercadoria fica preso à aparência colorida liberada da mercadoria durante o seu voo sem corpo pelo mundo, é necessário conseguir que as necessidades dos destinatários fiquem coladas a esse pedacinho. (Cf., também, *Blick durch die Wirtschaf*, 22.9.1971; p.I, "anúncios perfumados".)

47 Horst Zimmermann, Distúrbios da consciência nas lojas *self-service*. Oferta atraente e conflitos pessoais como causas mais frequentes de roubos de loja, *Der Tagesspiegel*, 25.7.1971. Daqui também foram retiradas outras citações do Congresso – Karstadt, em Siegen, sobre roubo em lojas. Cf. também o afirmativo e obscuro artigo de Elisabeth Trunk, O templo da tentação. Furto em lojas de departamentos, *Frankfurter Rundschau*, 4.9.1971, p.11. Ao contrário do órgão do direito civil, neste ensaio, o órgão social-liberal caça com entusiasmo os ladrões de lojas, depois que a autora – com a aprovação da loja correspondente, entenda-se – se fez de ladra, para comprovar a pouca eficiência das medidas de vigilância e, portanto, a gravidade da situação. O artigo não responsabiliza a apresentação, mas sim a abundância de mercadorias e a situação instável dos criminosos – e, por vezes, a ideologia esquerdista – e cala sobre a relação social em que se baseia a relação dos compradores com o mundo da mercadoria. É o criminoso, pergunta a autora, um bandido experiente ou apenas uma pessoa instável, que não conseguiu resistir à sedução massiva provocada pelo excesso de mercadorias? Na verdade, o que impulsiona é a tensão entre a sensação de carência e a abundância de muita coisa com aparência promissora.

48 Uma abordagem sucinta sobre a relação entre a estética das mercadorias e o furto de lojas encontra-se também no artigo de E. Trunk (op. cit.), que de resto geralmente encobre as relações: "O impulso de pegar é fortemente provocado pela arrumação astuciosa das mercadorias, de tal modo que um cliente mal consegue passar direto. 'A mercadoria deve ser, assim, ornamentada a ponto de o cliente sentir vontade de roubá-la'; essa frase de um decorador leva à pretensão geral de despertar o impulso de comprar dois passos adiante; ou seja, ultrapassa o impulso de comprar e chega à coerção de furtar. Uma brincadeira com fogo" – a continuação dessa frase torna-a

CRÍTICA DA ESTÉTICA DA MERCADORIA 63

apropriada para um livro didático sobre o estilo minimizador, pois a autora muda rapidamente de nível e de ponto de vista; não se alonga muito sobre o contexto de efeito, mas se ajusta docilmente às necessidades camufladas do capital que pretende assegurar o mecanismo de sedução, compreensivelmente por meio do vigia, quando não da justiça, mas da justiça pelas próprias mãos, e quer de resto ser retirado das vistas do público. "Uma brincadeira com fogo da qual nenhum representante sério do ramo participa. Além disso, eles veem no ladrão de loja o criminoso que tem de assumir a responsabilidade perante o juiz." Portanto, não é da propaganda que os representantes sérios não participam, mas da absolvição das vítimas bem-sucedidas da propaganda.

49 *Furte-me*, como título do livro da 1ª Comuna, imita essa ambivalência. O título não esclarece tanto as circunstâncias do formular o apelo ambivalente de toda estética da mercadoria (apropriar-se da mercadoria) apenas pelo lado do furto; na realidade, ele atua mais como propaganda – e exatamente por meio do apelo ao furto, como um apelo especialmente intenso à compra.

50 Baran, Sweezy, *Capital monopolista*, p.131.

51 Sobre as técnicas isoladas acerca da regeneração da procura através do envelhecimento artificial, da variação de sistema, do produto complementar e geralmente através de mudanças do *design*, ver Chup Triemert, Design e sociedade, em *As funções da arte na nova sociedade*, editado pelo grupo de trabalho Grundlagenforschung na NGK, Berlim, 1970 (2.ed., 1971).

52 Compare a carta enviada pelo leitor, diretor Dr. Lübke, Distrito de Berlim-Zehlendorf, em *Teste*, n.10, 1971, lá também se vê a reprodução da foto em corte transversal das três latas.

53 Kulischer, *História geral da economia*, v.2, p.147. Kulischer cita a portaria de acordo com Bein, *A indústria de Vogtland na Saxônia*, v.2, Indústria têxtil, 1886, p.536.

54 *Die Welt*, 26.5.1970.

55 *Der Spiegel*, n.49, 1967. Dessa fonte se originam também as informações seguintes.

56 A indústria de calçados não ficou atrás. Ao passar para a inovação estética periódica e para a diferenciação dos sapatos masculinos (ver o parágrafo sobre "a lírica da propaganda", parte 4, capítulo 5 do presente livro), ela anunciou em letras grandes que "sapatos velhos demonstram pobreza!" Depois desse *slogan*, seguem-se regulamentos, que sublinham a tendência aterrorizadora dessa propaganda: "Homens! Joguem fora estes desagradáveis sapatos velhos. A sapateira tem lugar para novos! Sapatos novos e adequados combinam com todos os ternos. Você está em condições de adquirir sapatos novos. Sapatos velhos não" (lê-se, por exemplo, na revista *Stern*, n.39, 1970, p.164).

57 O maior produtor mundial de "produtos alimentícios", a Kraftco Corporation, que atingiu, em 1970, um faturamento de 2,75 bilhões de dólares, trabalha com inovação constante. "No final de 1969, 57% do faturamento da companhia oriundo de 400 artigos recaíram sobre produtos que só ingressaram no mercado nos últimos anos" – ao menos no que se refere à sua apresentação, ao seu nome e à forma de sua embalagem, sem esquecer do aumento dos preços por quantidade de valor de uso! (Cf. o jornal *Der Tagesspiegel* de 1.10.71, p.25: "Crescimento por meio de novidades").

SEGUNDA PARTE

1 Tecnocracia da sensualidade em geral

Com base na análise de exemplos deve-se pesquisar – ao menos esboçar – de que maneira e de que forma as sensações humanas são moldadas pela estética da mercadoria, como elas interagem e como a estruturação das necessidades e dos impulsos se altera em contato com as constantes modificações e submetida às ofertas de satisfação feitas pelas mercadorias. Antes, porém, deve-se investigar um ramo especial do domínio da natureza, ou seja, a dominação e a reprodutividade arbitrária e a sua aparentemente ilimitada manifestação exterior. Contudo, o que denominamos tecnocracia da sensualidade significa bem mais que isso. Significa o domínio sobre as pessoas exercido em virtude de sua fascinação pelas aparências artificiais tecnicamente produzidas. Esse domínio, portanto, não aparece de imediato, mas na fascinação da forma estética. Fascinação significa apenas que essas formas estéticas arrebatam as sensações humanas. Em razão do domínio dos aspectos sensíveis, os próprios sentidos passam a dominar o indivíduo fascinado. A famosa alegoria platônica da caverna contém os momentos de uma tal relação de fascinação, embora o organizador e o *cui bono* – o proveito – tirado por ele das relações de dominação permaneçam inteiramente ocultos na abstração filosófica. O alto grau de artificialidade e o requinte técnico do local imaginado por Platão quase não foram percebidos.

Imagine pessoas que vivem numa espécie de habitação subterrânea, em forma de caverna, com uma entrada aberta em direção à luz, em toda a sua extensão. Elas estão desde a infância em seu interior, agrilhoadas pelas pernas e pelo pescoço, de modo que permanecem no mesmo lugar vendo apenas o que está à sua frente, não podendo nem mesmo girar a cabeça por causa dos grilhões. A luz, porém, vem de um fogo aceso atrás delas, no alto e ao longe. Entre esse fogo e os prisioneiros estende-se uma estrada, ao longo da qual se vê um muro, semelhante às barreiras construídas pelos saltimbancos diante dos espectadores e em cima das quais eles apresentavam sua arte. Imagine, então, ao longo desse muro, pessoas carregando os mais variados utensílios, mais altos que o muro, e estátuas e outras figuras de pedra e de madeira, e fazendo os mais variados trabalhos: alguns, naturalmente, conversam, enquanto outros ficam calados.[1]

A utilidade do local reside, como sabemos, em que as sombras dos objetos transportados são lançadas à parede da caverna, acessível aos olhares como uma tela, sendo consideradas pelas pessoas em meio às aparências como momentos verdadeiros da realidade. Atribuíram-se, por conseguinte, as formas dos serviçais do local, passando por trás, às silhuetas projetadas na parede pela luz artificial dos fetiches. Os grilhões são apenas um ingrediente para evidenciar que aquelas pessoas – fascinadas como estão – continuarão sentadas, mesmo sem as correntes, com os olhos presos à "tela". Se fossem libertadas, lutariam com violência contra a exigência de desviar o olhar e ver a disposição das coisas, o que seria o primeiro passo a caminho da liberdade e da verdade.

A tecnocracia da sensualidade a serviço da apropriação dos produtos do trabalho alheio, geralmente a serviço do domínio político e social, não é uma invenção do capitalismo, como tampouco o é fetichismo. A manifestação encenada não pode ser entendida fora da história dos cultos. Basta lembrar da formidável estética de encantamento das igrejas católicas, alvos de peregrinação no final da Idade Média, e que era tanto expressão como meio de atração de riquezas. Com os peregrinos vieram também partes do mais-produto, ou seja, da produção excedente, inserindo-se sob a forma de cobranças de todo tipo de rituais, sacrifícios, donativos religiosos etc. Nesse caso também foi feito, dessa vez pela Igreja, um esforço de manifestação para se obter riquezas. Ou lembremos da Contrarreforma, essa luta cultural do antigo poder ameaçado da Igreja, conduzida com todos os recursos do teatro, da arquitetura e da pintura, contra o poder ascendente da sociedade burguesa. Naturalmente a diferença fundamental em relação à produção de aparências no capitalismo é que nele se trata, antes de mais nada, de funções de valorização que utilizam, transformam e aperfeiçoam as técnicas estéticas. O resultado

CRÍTICA DA ESTÉTICA DA MERCADORIA 69

não se restringe mais a determinados lugares sagrados ou representativos de algum poder, mas forma uma totalidade do mundo sensível no qual em breve nenhum momento terá deixado de passar pelo processo de valorização capitalista e de ser marcado por suas funções.

2 A posição elevada da mera aparência no capitalismo

A produção e o papel significativo da mera aparência situam-se na sociedade capitalista no âmbito daquela contradição global presente em todos os seus níveis e cujo desenvolvimento a partir da relação de troca foi o ponto de partida desta pesquisa. O capitalismo baseia-se num sistemático quiproquó: todos os objetivos humanos – a vida nua e crua por assim dizer – são considerados pelo sistema meros pretextos e meios (teoricamente não são considerados como tais, mas é assim que atuam no sentido factual-econômico). O ponto de vista da valorização do capital enquanto propósito próprio para o qual todos os esforços vitais, as ansiedades, os impulsos, as esperanças não passam de meios exploráveis, motivações às quais as pessoas podem se agarrar, e que são pesquisadas e utilizadas por todo um setor das ciências sociais – este ponto de vista da valorização, com um domínio absoluto na sociedade capitalista, opõe-se incisivamente àquilo que as pessoas são e querem por si mesmas. Falando bem abstratamente, o que as pessoas intermediam com o capital só pode ser uma mera aparência. Desse modo, o capitalismo necessita radicalmente do mundo das aparências. Ou melhor: geralmente, os propósitos humanos no capitalismo, até que se decidam a entregar-se a este, não passarão de meras aparências ruins; daí a sua posição elevada nesta sociedade. O ponto de vista da valorização do capital faz valer a sua exigência absoluta em uma relação ambivalente com a natureza sensual-instintiva do ser humano. Enquanto surgirem nesse ser resistências ao domínio do capital, ele será negado por este em sua autonomia. Enquanto

CRÍTICA DA ESTÉTICA DA MERCADORIA 71

o domínio do capital for intermediado por momentos do aspecto sensual-instintivo, estes persistirão em sua dependência e determinabilidade alheia. Os indivíduos moldados pelo capital, seja como portadores de funções, isto é, os capitalistas, seja como trabalhadores assalariados etc. – apesar de todas as diferenças radicais existentes – têm um destino instintivo comum, ao menos formalmente: a sua imediaticidade sensual deve ser quebrada e tornar-se completamente dominável. E isto – quando a violência bruta deixa de continuar obrigando as pessoas a trabalharem para outras – só é possível se forças naturais enfrentarem forças naturais. Entre outras coisas, a sensualidade dominada pela aparência é utilizada como salário da adaptação. Pois, no capitalismo, não somente os grandes objetivos humanos caem na realidade, precisando por isso ser incessantemente retomados pela mídia da aparência, mas também os objetivos instintivos individuais.

3 Abstração estética, prelúdio filosófico

Continuemos a pesquisar a estrutura, o efeito e a causa da aparência a serviço do capitalismo. A abstração do valor de uso, consequência do e pressuposto para o estabelecimento do valor de troca e de sua perspectiva, abre caminho para abstrações correspondentes, tornando-as teoricamente exequíveis e, sobretudo, utilizáveis. Portanto, o vazio funcional, a procura de um sistema, por assim dizer, encontra-se lá, antes mesmo que as capacidades existentes se introduzam no vazio. Uma dessas abstrações básicas para as ciências naturais é a de valores de uso tais como qualidades, por exemplo, a diminuição da mera extensão espacial das coisas, que se tornam assim meras *res extensae* – coisas extensas –, sendo reduzidas, ao mesmo tempo, a relações de qualidade comparáveis. Tem sua lógica o fato de que Descartes, o teórico pioneiro desse pensamento abstrato, utiliza a abstração estética como técnica para introduzir a "desrealização" do mundo real e sensível. Ele supõe a existência de um Deus da manipulação todo-poderoso que engana todo o mundo sensorial – como uma espécie de canal central de televisão para os crédulos. Todas as configurações, cores e sons "e todo o aspecto exterior" são apenas engodos. "Considerarei a mim mesmo", escreve ele, "como alguém que não tem mãos, nem olhos, nem carne, nem sangue, nem qualquer órgão dos sentidos",[2] mas somente uma consciência falsificada por uma técnica absolutamente superior aos homens. Descartes dá também exemplos mais prosaicos com o mesmo significado. Primeiro exemplo: uma figura de tal forma e tal cor é mantida próxima da lareira; ela começa a derreter, muda de forma e de cor e revela-se como cera, como plástico capaz de se disfarçar em todas as formas sensoriais possíveis.

CRÍTICA DA ESTÉTICA DA MERCADORIA

Segundo exemplo: uma pessoa passa na rua em frente à janela, mas poderia ter sido também um robô disfarçado com roupas humanas.[3] Todos esses exemplos e suposições devem servir de introdução à doutrina segundo a qual, a princípio – e isto é considerado desde então ciência –, só uma coisa é certa: só existem fenômenos da consciência; qualquer conteúdo pode ser falsificado. Desse modo, as pessoas são reduzidas a fenômenos de consciência falsificáveis. E o que resta das coisas? Elas são reduzidas "simplesmente a algo extenso, flexível e mutável", "*extensum quid, flexibile, mutabile*".[4] Agora não é o momento de desenvolver a dialética involuntária desse tipo de teoria dos primórdios da burguesia, que começa com a intenção de emancipar a ilusão (sobretudo, porém, do período anterior à burguesia) e termina ficando apenas com o domínio, de um lado, e a ilusão, de outro. Interessa-nos, aqui, ver aquele processo, introduzido como abstração estética, numa relação de intermediação de desenvolvimentos econômicos e tecnológicos.

4 Abstração estética da mercadoria:
superfície – embalagem – imagem publicitária

A contradição de interesses entre compradores e vendedores, entre perspectivas do valor de uso e perspectivas do valor de troca, ou mesmo da valorização – este último sendo o dominante na relação livre dinheiro/mercadoria –, expõe a um campo de força antagônico o objeto de uso produzido e lançado como portador de valor; nessa prova de fogo, à qual a mercadoria é submetida sob o controle consciente do ponto de vista da valorização, sua parte externa e seu sentido libertam-se formando um ser intermediário funcionalmente separado. Este ser intermediário é expressão e portador da função de uma relação social, tal como aparece aqui na relação de máscaras entre comprador e vendedor. A relação antagônica constitui a função; a função econômica, por sua vez, leva à formação de técnicas e fenômenos que serão os seus portadores. Deve-se representar o fenômeno concretamente do seguinte modo: tudo o que está a caminho do funcional conduz a êxitos econômicos desproporcionais que – se repetidos conscientemente – acarretam o atrofiamento econômico de tudo o que não tenha sido abrangido por esse desenvolvimento. A função que leva à abstração estética da mercadoria é a função de realização que obtém, na promessa estética de valor de uso, o seu meio motivador da compra.

A abstração estética da mercadoria liberta a sensualidade e o sentido da coisa portadora do valor de troca, tornando-as separadamente disponíveis.[5] A princípio, a configuração e a superfície já libertas funcionalmente, às quais já se dedicam processos produtivos próprios, aderem à

CRÍTICA DA ESTÉTICA DA MERCADORIA 75

mercadoria como uma pele. Mas a diferenciação funcional prepara a libertação verdadeira, e a superfície da mercadoria lindamente preparada torna-se a sua embalagem, que não é pensada, porém, apenas como proteção contra os perigos do transporte, mas como o verdadeiro rosto a ser visto pelo comprador potencial, antes do corpo da mercadoria, e que a envolve, tal como a filha do rei em seu vestido de plumas, transformando-a visualmente, a fim de correr ao encontro do mercado e de sua mudança de forma.[6] Para facilitar ao dinheiro esse encontro, um banco norte-americano passou recentemente a produzir os cheques em cores pop-eufóricas. Mas voltemos à mercadoria: depois que a sua superfície se liberta, tornando-se uma segunda frequente e incomparavelmente mais perfeita que a primeira, ela se desprende completamente, descorporifica-se e corre pelo mundo inteiro como o espírito colorido da mercadoria, circulando sem amarras em todas as casas e abrindo caminho para a verdadeira circulação das mercadorias. Ninguém mais está seguro contra os seus olhares amorosos. A intenção de realização lança-as com a aparência abstraída e bastante aperfeiçoada tecnicamente[7] do valor de uso cheio de promessas, para os clientes em cuja carteira – ainda – se encontra o equivalente do valor de troca assim disfarçado.

5 A aparência apresentada como imagem refletida do desejo, na qual caímos

A manifestação promete mais, bem mais do que ela jamais poderá cumprir. Nesse sentido, ela é a aparência na qual caímos. O conto d'*As mil e uma noites* em que ocorre a bela aparência na qual "caímos" – e não no sentido figurado –, liga-a significativamente ao capital mercantil. É a história da cidade de Messing.[8] Cercada por altas muralhas de pedras escuras, com os portões bem encaixados, de modo que não se pudesse, mesmo querendo, distingui-los do muro, estava a cidade de Messing, que, por causa de seus telhados, era chamada de Messing andaluza, no meio do deserto, como um cofre cheio de capital-mercadoria do comércio de luxo. Os enviados do califa fizeram uma escada, uma vez que não se podia encontrar o portão. Uma pessoa subiu "até chegar lá em cima; em seguida aprumou-se, olhou fixamente para a cidade, bateu palmas e gritou o mais alto que pode: 'Como você é bonita!'. E jogou-se para dentro da cidade; lá, foi completamente triturada até os ossos. O emir Mûsa, porém, disse: 'Se um homem sensato age assim, o que faria então um louco?'". A cada vez que alguém sobe, a cena se repete, até a expedição perder doze homens. Por fim, subiu o único que conhecia o caminho para Messing e também o caminho de volta para casa, o sheik Abd es-Samad, "um homem sábio, muito viajado ... um ancião bastante debilitado pelas fugas e pela passagem dos anos". Se ele também caísse no encanto, toda a tropa estaria perdida. Ele subiu a escada, "invocando incessantemente o nome de Alá, o sublime, e rezando os versos da salvação até chegar em cima do muro. Lá ele bateu palmas e olhou fixamente para frente. O

CRÍTICA DA ESTÉTICA DA MERCADORIA

povo, contudo, gritou: 'Oh, sheik Abd es-Samad, não faça isso! Não se jogue lá embaixo!' ... Ele, então, começou a rir e ria cada vez mais alto". Mais tarde, ele explicou que descobrira a superficialidade da aparência: "De cima do muro vi dez virgens despidas acenando para mim com as mãos pedindo para eu descer; pareceu-me que havia um local cheio de água logo abaixo". O encanto da ilusão sexual – uma atração arrasadora em uma cultura na qual as mulheres deviam andar cobertas com véus – se desfez em razão da sua devoção e sobretudo da sua idade... "Certamente", conclui, "é um encanto pérfido inventado pelos habitantes da cidade para afastar quem quisesse olhá-la ou então invadi-la." A aparência na qual caímos foi inventada aqui, com base na perspectiva da posse do valor de troca. O que cai nela é um desejo impulsivo. Os que saltam do muro fazem-no partindo de um ponto de vista crédulo do valor de uso. A história da cidade de Messing conhece ainda um outro aspecto da contradição entre valor de uso e valor de troca, desta vez com a queda daqueles que se colocam na perspectiva do valor de troca. É que a cidade é povoada apenas por cadáveres enrugados, e fica-se sabendo também a razão: faltou, afinal, aos proprietários e aos habitantes o valor de uso vital em meio aos seus valores de troca incomensuráveis. Durante sete anos não tinha caído uma gota de chuva; a vegetação havia acabado e todas as pessoas tinham morrido de fome.

A aparência na qual caímos é como um espelho, onde o desejo se vê e se reconhece como objetivo. Tal como em uma sociedade capitalista monopolista, na qual as pessoas se defrontam com uma totalidade de aparências atraentes e prazerosas do mundo das mercadorias, ocorre por meio de um engodo abominável algo estranho e pouquíssimo considerado em sua dinâmica. É que sequências intermináveis de imagens acercam-se das pessoas atuando como espelhos, com empatia, observando o seu íntimo, trazendo à tona os segredos e espalhando-os. Nessas imagens evidenciam-se às pessoas os lados sempre insatisfeitos de seu ser. A aparência oferece-se como se anunciasse a satisfação; ela descobre alguém, lê os desejos em seus olhos e mostra-os na superfície da mercadoria. Ao interpretar as pessoas, a aparência que envolve a mercadoria mune-a com uma linguagem capaz de interpretar a si mesma e ao mundo. Logo não existirá mais nenhuma outra linguagem, a não ser aquela transmitida pelas mercadorias. Como é que alguém, constantemente assediado por uma coleção de imagens de desejos já previamente desvendadas, se comporta e, sobretudo, se modifica? Como é que alguém, que sempre obtém o que deseja – mas somente enquanto aparência –, se modifica? O ideal da estética da mercadoria seria manifestar o que mais nos agrada, do que falamos, o que procuramos, o que não esquecemos, o que todos querem, o que sempre quisemos. O consumidor é servido sem resistir, seja por parte do aspecto mais marcante, mais sensacional ou do mais despretensioso e mais cômodo. Serve-se com a mesma deferência tanto a avidez quanto a preguiça.[9]

6 Valores de uso corruptores, sua repercussão na estrutura das necessidades

À medida que a estética da mercadoria interpreta nesse sentido o ser das pessoas, a tendência progressiva de seus impulsos, de seus desejos em busca da satisfação, prazer e alegria parece desviada. O impulso parece estar atrelado e ter se tornado um estímulo para a adaptação. Vários críticos da cultura veem nisso um processo de corrupção que atinge diretamente a espécie. Gehlen fala de sua degeneração, à medida que ela se adapta "a condições de vida demasiado cômodas". De fato, há uma certa perfídia na adulação exercida pelas mercadorias: o que elas acionam ao se oferecerem acaba sendo predominante. Os indivíduos servidos pelo capitalismo acabam sendo, ao final, seus servidores inconscientes. Eles não são apenas mimados, distraídos, alimentados e corrompidos.

Na peça *A importância de estar de acordo*, de Brecht, examina-se se o homem ajuda o homem. O terceiro exame – um número com palhaços – mostra o que ocorre quando o capitalismo ajuda o homem. Servir aqui significa amputar. Quem se senta, talvez nunca mais se levante. Ajudar significa criar dependências (e aproveitar a valer). É essa a dinâmica da produção de mercadorias no capitalismo avançado. Primeiramente, facilita-se a ação necessária; depois, a ação necessária perde a facilidade e torna-se muito difícil, e não se pode mais fazer o necessário sem comprar mercadorias. Agora o necessário não se diferencia mais do desnecessário, do qual não se pode mais prescindir. Provavelmente, é a este deslocamento que se refere o discurso das falsas necessidades.

Será que os impulsos e as necessidades ainda se desenvolvem nessas circunstâncias? Será que existe ainda algo essencial para se compreender nos interesses materiais?

O que se denomina, ocasionalmente, satisfação repressiva aparece agora como valor de uso corruptor. Este predomina sobretudo no setor da aparência como mercadoria. O valor de uso corruptor reage sobre a estrutura das necessidades do consumidor, impregnando-o de uma perspectiva de valor de uso deturpada.

Os efeitos corruptores, numa dimensão francamente antropológica – um mero efeito colateral da dinâmica capitalista por lucro –, são devastadores. Parece que se compra a consciência das pessoas. Diariamente elas são adestradas para o desfrute daquilo que as trai – desfrute da própria derrota, desfrute da identificação com a prepotência. Mesmo nos valores de uso reais que elas recebem reside frequentemente um terrível poder de destruição. O carro particular – no caso do transporte público deficiente – sulca as cidades com a mesma eficácia das bombas e cria distâncias que não podem mais ser superadas sem ele.

Entretanto, não leva a nada descrever precipitadamente esse processo em categorias de um complô planejado para corromper as massas. O ideal da estética da mercadoria é justamente fornecer o mínimo de valor de uso ainda existente, atado, embalado e encenado com um máximo de aparência atraente que deve se impor, o mais possível, por empatia, aos desejos e ansiedades das pessoas. Apesar desse ideal da estética da mercadoria, frequentemente não somente não desaparece das mercadorias o valor de uso real – caso as consequências desse uso fossem pesquisadas separadamente –, como também a contradição continua presente na estética da mercadoria como tal. Os agentes do capital não podem fazer o que querem com ela; ao contrário, eles só podem agir assim com a condição de fazer ou fazer aparecer o que os consumidores querem. A dialética do senhor e do escravo na subserviência amorosa da estética da mercadoria é ambígua: na esfera em que atua a estética da mercadoria, o capital domina a consciência e, por conseguinte, o comportamento das pessoas, e finalmente o valor de troca em seus bolsos mediante a empatia do servir; portanto, o poder visto como mero servidor torna-se realmente dominante. Na verdade, subjugam-se as pessoas assim servidas. É possível, contudo, estudar o fato de que o domínio, mediante os serviços corruptores da aparência, desata a sua própria dinâmica, através das consequências desagradáveis provocadas pela utilização da aparência sexual como mercadoria de tipo próprio, e também através da sexualização de muitas outras mercadorias.

7 A ambiguidade da estética da mercadoria segundo o exemplo da utilização da aparência sexual

A ambiguidade da estética da mercadoria mostra-se no exemplo da utilização da aparência sexualmente provocante. Como descrevemos no início de nossa pesquisa, ela é um meio para solucionar determinadas questões de valorização e de realização do capital. Ao mesmo tempo, porém, é a solução aparente da contradição entre valor de uso e valor de troca.

O sexual como mercadoria ocorre também historicamente, nas mais diversas fases de desenvolvimento e nas épocas mais distintas. A prostituição nivela-se à simples produção de mercadorias, ou seja, à prestação de serviços; a cafetinagem nivela-se ao capitalismo de intermediação; do bordel à manufatura – todas essas formas do sexual como mercadoria têm algo em comum: o valor de uso realiza-se ainda no contato sensório-corporal imediato. No capitalismo industrial valoriza-se a sensação sexual apenas sob a forma de abstração estética – excetuando-se todos os tipos de adereços. Pode-se registrar e reproduzir em série uma mera imagem ou um mero ruído, ou uma combinação de ambos numa tiragem tecnicamente ilimitada – limitada na prática apenas pelo mercado. No estado de repressão sexual geral, ou então de isolamento, o valor de uso da mera aparência sexual reside talvez na satisfação pelo voyeurismo. Essa satisfação com um valor de uso cuja natureza específica é ser aparência pode ser denominada satisfação aparente. A satisfação com a aparência sexual caracteriza-se por produzir e fixar obrigatoriamente a procura de maneira simultânea à própria satisfação. Quando os sentimentos de culpa e o medo causados por eles dificultam o caminho em direção ao objeto sexual, surge então a mercadoria sexualidade enquanto aparência, intermediando a excitação e uma certa satisfação, muito difíceis de serem desenvolvidas pelo contato sensório-corporal. Esse tipo de satisfação aparente e sem resistência ameaça amputar completamente a possibilidade de prazer direto. Nesse caso, a única forma do valor de uso adequada para a valorização em massa reage sobre a estrutura das necessidades. Desse modo, um voyeurismo geral fortalece-se e torna-se habitual e, por conseguinte, as pessoas em sua estrutura instintiva ficam atreladas a ele.

A repressão do instinto simultânea à satisfação aparente deste leva a uma sexualidade generalizada – Max Scheler chama-a sensualidade cerebral, enquanto disposição humana. As mercadorias respondem a isso refletindo imagens sexuais por todos os lados. Nesse caso, não é o objeto sexual que toma a forma de mercadoria, mas a totalidade dos objetos de uso com forma de mercadoria assume tendencialmente de alguma maneira a forma sexual, e desespecificam-se a necessidade sexual e a sua respectiva oferta de satisfação. De certo modo, elas se tornam semelhantes ao dinheiro, que Freud, nesse sentido, comparou ao medo:[10] elas se convertem livremente no estímulo de todas as coisas. Assim, o valor de troca apropria-se do aspecto sexual colocando-o a seu serviço. Inumeráveis objetos de uso incluem-se na sua superfície, e os bastidores da felicidade sexual tornam-se a roupagem mais frequente da mercadoria ou, então, o fundo dourado sobre o qual a mercadoria aparece. A sexualização generalizada das mercadorias passou a abranger também as pessoas. Ela lhes proporcionou recursos expressivos para os estímulos sexuais até então reprimidos. Sobretudo os jovens aproveitaram essa possibilidade, e a demanda destes acarretou novas ofertas. Com a ajuda de novas modas têxteis foi possível inserirem-se como ser amplamente sexual. Há nisso um estranho retorno ao ponto de partida histórico-social. Como as mercadorias retiraram a sua linguagem sedutora dos seres humanos, elas lhes devolvem agora uma linguagem que, através da roupa, reveste os estímulos sexuais. E, ainda que os capitais do setor têxtil lucrem com isso, a força modificadora da libertação da sexualidade desenvolvendo-se palpavelmente nem por isso é necessariamente recapturada.[11] Enquanto existir a determinabilidade da função econômica da estética da mercadoria, portanto, enquanto o interesse de lucro impulsioná-la, ela manterá a sua tendência ambivalente: ao oferecer-se às pessoas, a fim de assegurar-se delas, ela traz à luz um desejo após outro. Enquanto

CRÍTICA DA ESTÉTICA DA MERCADORIA

mera estética da mercadoria, ela lhes satisfaz apenas com aparências e mais desperta a fome do que a sacia. Enquanto falsa solução da contradição, ela a reproduz numa outra forma talvez bem mais ampla.

Notas

1 Platão, *Politeia*. Traduzido por Friedrich Schleiermancher. *Obras completas de Platão*, III, Reinbek, 1958, p.224.

2 *"Putabo ... cunctáque externa nihil aliud esse quàm ludificationes somniorum, quibus insidias credulitati meae tetendit: considerabo meipsum tanquam manus non habentem, non oculos, non carnem, non sanguinem, non aliquem sensum..."* Renati Descartes, *Meditationes De Prima Philosophia*, Amsterdam, 1642, *Meditatio Prima*, p.13ss.

3 Ibidem, p.34; *"nisi jam forte respexissem ex fenestra homines in platea transeuntes, quos etiam ipsos non minus usitate quam ceram dico me videre: quid autem video praeter pileos & vestes, sub quibus latere possent automata..."*

4 Cf. a segunda meditação, loc. cit., p.23.

5 Desprender a mera aparência e utilizar o que foi desprendido com objetivos fraudulentos é tão plausível para a jurisprudência burguesa que ela se recusa a investigar uma fraude feita com cópias falsificadas, enquanto falsificação de documentos. Fotocópias não podem ter, em princípio – de acordo com a sentença da primeira instância do Supremo Tribunal Federal – o caráter de documento, e sua falsificação não representa uma falsificação de documentos. A justificativa diz que um documento é um "esclarecimento personificado", contendo uma prova jurídica e deixando reconhecer o seu signatário, enquanto uma fotocópia proporciona apenas "uma cópia razoavelmente fiel", que é fiel a um esclarecimento personificado no modelo; ela é parecida com uma cópia, é pura e simplesmente reprodução – ao contrário da cópia de gênero figurativo (cf. *Tagesspiegel*, 13.10.1971: "Fotocópias não servem como documentos."). No direito de posse, o direito civil reivindicando a aparência personificada defende a reivindicação de propriedade privada, que produz, por outro lado, a descorporificação da aparência das coisas.

6 O brilho da superfície e a transparência também são oferecidas no mercado de embalagem como aparência calculada, que é, ao mesmo tempo, mercado publicitário. "Quase todo objeto", anunciou, em 1964, a fábrica de transparências Forschheim Ltda., "ganha com o invólucro de folha transparente: ele se torna mais simpático ... com um rosto que estimula a compra." Uma produção especial "se oferece especialmente para embrulhar bombons, caixas de biscoitos e cigarros, excelente também para empacotar grandes quantidades de produtos em promoção ... e funciona muito bem como estimulante de venda, devido ao alto brilho da superfície" (*Der Spiegel*, 6.5.1964, p.77, também na edição de 1.4.1964).

7 Uma das formas nas quais a aparência colorida da mercadoria circula corresponde ao caminho de vendas feito pelas lojas de venda a distância: o catálogo da loja. A firma Quelle calcula em aproximadamente 130 milhões de marcos os custos de seus

84 WOLFGANG FRITZ HAUG

catálogos (Cf. *Tagesspiegel*, 19.9.1971, p.12: "O catálogo contém 40 mil artigos"). Esses custos cobrem uma despesa enorme com aparato técnico e pessoal. "Durante aproximadamente sete meses, 200 gráficos, produtores de textos, fotógrafos, retocadores e a gerência trabalharam na preparação de um catálogo de mais de 700 páginas. 76 modelos posaram para o catálogo em Mallorca, no Zugspitze, em Frankfurt e na Escócia. Exatamente 10.001 fotografias tiveram de ser escolhidas em meio a uma enorme variedade. Doze grandes gráficas gastaram, de quatro a cinco semanas de impressão, 8.500 toneladas de papel e 560 toneladas de tinta" (*Frankfurter Allgemeine Zeitung*, 10.8.1971). Nenhum corpo de mercadoria consegue acompanhar o imponente aperfeiçoamento técnico de sua aparência encenada, apresentada e reproduzida dessa maneira.

8   *As mil e uma noites*. Trad. por Enro Littmann. Wiesbaden, 1953, v.4, p.233-55.

9   Toda vez que o princípio de dominação através da servidão solícita reprime o tradicional, fazendo-o quase sempre desaparecer, ocorrem momentos nos quais o agente do capital lucrativo reflete melancolicamente sobre o curso dos tempos e se entrega aos bons velhos tempos. Quando o truste Oetker, depois de quatro anos de trabalho para o desenvolvimento da manifestação, lançou uma nova marca de cerveja no mercado, o comentarista do caderno econômico do *Frankfurter Allgemeine Zeitung* analisou: "E mais uma vez fica claro para nós em que mundo vivemos. Hoje, uma cerveja é projetada em uma prancheta e construída 'como sabão em pó ou um rádio'. Acabou-se o tempo em que o bravo mestre cervejeiro fabricava, de acordo com as normas dos antigos mestres, nada mais que suco de cevada. Quem pede hoje ao garçom uma cerveja, recebe um artigo de marca pensado em formas aerodinâmicas". Melancolicamente termina o comentário: "brindemos e bebamos aos velhos tempos de produção de cerveja, quando ela era apenas cerveja e nada mais" (*Frankfurter Allgemeine Zeitung*, 8.9.1971). As pesquisas laboratoriais do grupo Oetker, no desenvolvimento de sua marca nacional de cerveja, a Prinz Pilsener, orientaram-se desde o princípio rumo a um produto, chamado Marketing-Mix. Com isso ficou evidente que o seu corpo de mercadoria líquida deveria ser construído a partir da concepção da "recepção" e das campanhas publicitárias. Depois de mais uma vez ter ficado claro para o comentarista do *Frankfurter Allgemeine Zeitung* em que mundo ele vive, e de ele ter bebido sua melancolia junto com o Marketing-Mix, ele pode voltar para a sua prática jornalística diária – se pudermos julgar com base no jornalismo do *Frankfurter Allgemeine Zeitung* – de confundir sistematicamente para assegurar o domínio do mundo do grande capital; prática essa que cria normalmente tais pretextos para ocasionais melancolias produzidas em série.

10 Cf. Sigmund Freud, Aulas introdutórias à psicanálise, *Obras completas*, v.11, p.419 – Freud fala sobre o medo como "moedas universalmente válidas", pelas quais todos os afetos são trocados.

11 Uma declaração política da redação da editora Burda, cujo proprietário simpatiza com a ala de direita do partido CDU/CSU, confirma esta minha tese em sua primeira publicação. A tese é, resumidamente: a sexualidade a serviço da estética da mercadoria é contraditória; a dialética do domínio capitalista através da oferta não foi paralisada. Burda comunicou em 26.6.1970 a retirada de circulação da sua revista

CRÍTICA DA ESTÉTICA DA MERCADORIA

masculina M, com a seguinte justificativa: ocorreram modificações no mercado, desde o lançamento há um ano. Uma sexualização generalizada no mercado de revista teria forçado a redação, se mantida a revista, a tomar um outro curso que não combinaria com o estilo da casa. Essa confirmação sobre a arbitrariedade dos impulsos liberados deve ser cuidadosamente saboreada após duas páginas. Primeiro, as dificuldades comerciais deveriam ser bem consideráveis para colocar "o estilo da casa" não mais no negócio, mas sim na defesa das normas. Segundo, e isto é apenas o outro lado da moeda, o interesse da liberdade na instância do sexual devia ser considerado apenas como muito fraco e submetido a uma ambivalência constante, não sendo possível prever que a importância emancipadora fosse algum dia mais forte que a da apropriação.

TERCEIRA PARTE

1 O diálogo no ato da venda – a máscara característica de compradores e vendedores

Antes de a promessa estética do valor de uso desprender-se como embalagem e, por fim, como imagem publicitária, ela já se encontra ativa fora da mercadoria, na boca e nos gestos do vendedor. Uma grande parte das funções da estética da mercadoria, concretamente preenchidas mais tarde, é vista como desempenho pessoal daquele que veste a máscara característica do vendedor, antes mesmo da formação da mercadoria massificada do capitalismo industrial, com o seu sistema de vendas adaptado às exigências do atendimento às massas. "Quando quis visitar o Palais de Justice, Montesquieu teve de passar por uma multidão incalculável de jovens vendedoras que se esforçavam para atraí-lo com palavras lisonjeiras."[1] No início do século XVIII, Mandeville descreveu com muita competência, em sua *Fábula das abelhas ou: vícios privados – benefícios públicos*, "as negociações entre um comerciante da moda e uma jovem senhora que queria comprar em sua loja", examinando "as duas pessoas mencionadas acima em relação ao seu interior e às diferentes razões de suas atitudes".[2] Para o comerciante,

> o mais importante seria vender sua seda tanto quanto possível, e por um preço que ele julgava legítimo, compatível com os ganhos médios em seu setor. A senhora, por sua vez, gostaria de adquirir tudo tal como imaginara, comprando cada côvado por quatro ou cinco centavos mais barato do que normalmente custava. Em virtude da impressão causada pelo galanteio dos homens, ela se convencera – salvo completo engano – de que a sua conduta era nobre, seu ser era vitorioso e tinha sobretudo uma maneira encantadora

de falar; além disso, naturalmente, de que era bonita ou, se não uma beldade, tinha ao menos uma aparência mais agradável que a maioria das jovens senhoras de seu círculo. Como a sua pretensão de comprar mais barato que as outras pessoas estava baseada em suas qualidades, ela procuraria mostrar-se de modo a obter vantagens possibilitadas por sua habilidade e tato. Não havendo espaço neste caso para jogos de sedução, ela não teria consequentemente razão para se fazer de tirana e fingir estar aborrecida e melindrada; por outro lado, teria mais liberdade para ser amável e acessível do que em qualquer outra oportunidade.

Antes mesmo de sua carruagem parar totalmente, um homem de aparência extremamente elegante, asseado e vestido na última moda aproximou-se e ofereceu-lhe com profunda devoção os seus cumprimentos. Ao perceber que ela deseja entrar em sua loja, ele a convida a entrar, e com muita habilidade coloca-se atrás do balcão, através de um acesso lateral visível só por um instante. Voltado inteiramente para ela, pede-lhe, então, servilmente e usando o linguajar da moda, a permissão de cumprir as suas ordens. Ela pode dizer e censurar o que quiser, pois ele jamais a contradirá diretamente, afinal ela está lidando com um homem ciente de que a paciência absoluta é um dos segredos de sua profissão. Mesmo dando-lhe muito trabalho, ela tem certeza de que vai ouvir somente palavras solícitas e fitar um rosto sempre amável, no qual uma devoção alegre parece combinar-se com o bom humor, deixando transparecer juntos uma alegria serena que tem algo de superficial, transmitindo em todo caso mais simpatia do que a naturalidade primitiva seria capaz.

Quando duas pessoas estão assim sintonizadas, a conversa entre elas deve ser muito agradável e também extremamente bem educada, mesmo em se tratando de banalidades. Enquanto ela estiver indecisa sobre o que levar, ele evita dar sugestões temendo influenciar a escolha dela; mas, depois de feita a escolha, ele se posiciona imediatamente com toda a segurança. Ele assegura que a opção dela é a melhor possível, elogia o seu bom gosto e, quanto mais ele examina o objeto, mais se espanta de não ter descoberto antes o quanto ele é superior a todos os outros de sua loja. Por meio de treinamento, exemplos e muita dedicação, ele aprendeu a penetrar despercebidamente nas profundezas recônditas da alma e avaliar a inteligência de seus clientes, descobrindo o seu lado fraco, desconhecido por eles mesmos. Desse modo, ele adquiriu o conhecimento de muitos outros artifícios para levar seus clientes a superestimar tanto a própria decisão, quanto o artigo que pretendem comprar.

A maior vantagem que ele tem em relação a ela reside na parte mais essencial de toda a transação: a discussão sobre o preço, que ele conhece nos mínimos detalhes, enquanto ela desconhece completamente tudo isso.

CRÍTICA DA ESTÉTICA DA MERCADORIA

Por isso, em nenhum outro aspecto, ele exige tanto da compreensão dela como aqui, e embora ele tenha a liberdade de ludibriá-la tanto quanto queira, a respeito do preço de custo do produto e da quantia oferecida por ela, ele não conta unicamente com isso. Ao contrário: atacando a vaidade dela, ele a convence das coisas mais improváveis, do quanto ele é fraco diante dela e do quanto ela é superior a ele. Ele decidiu, diz ele, jamais vender tal objeto abaixo deste ou daquele preço, mas ela sabe mais que qualquer um de seus clientes como arrancar dele a mercadoria com uma simples conversa. Ele assevera-lhe estar perdendo ao vender a sua seda; entretanto, ao ver o quanto a seda lhe agrada e que ela não pode pagar mais, ele então passa-a às mãos dela, pedindo apenas que da próxima vez ela não seja tão cruel com ele. Nesse ínterim a senhora, ciente de sua esperteza e de sua eloquência, está completamente convencida de possuir de fato uma maneira de falar extremamente persuasiva; e uma vez que, segundo as exigências do decoro, ela acha suficiente esconder o seu talento e responder ao cumprimento dele com alguns ditos graciosos, ele consegue finalmente fazer que ela acredite de bom grado em tudo o que ele lhe conta. O final da história é que ela, satisfeita por ter economizado oito centavos por côvado, comprou exatamente pelo mesmo preço, como qualquer outra pessoa teria feito, pagando até mesmo cinquenta centavos a mais do que o vendedor pedira pela mercadoria.

A máscara característica do vendedor mostra gentileza e uma dedicação lisonjeira com uma aparência de acordo com a moda. Os pontos fracos do comprador são o seu desconhecimento e a sua crença nos próprios méritos. O ato de admirar os pretensos méritos e de simular estar impressionado compõem respectivamente o gestual do vendedor. Ele impressiona ao representar a própria impressionabilidade. Sua técnica é reforçar o eco. Seu comportamento reflete incessantemente de volta ao comprador uma imagem submissa fortalecendo os estímulos funcionais dele, em relação ao seu ponto de vista. As duas máscaras características do vendedor de artigos da moda e de sua jovem cliente estão marcadas pela distância da esfera da produção. Ambos são não produtores. Ele é um mero comerciante, a personificação consolidada da função de vender; ela é uma consumidora de luxo. Nessa relação de dois não produtores, a assimetria da posição fortalece-se por meio da distância da produção e da divisão fixa de papéis. O diálogo no ato da venda entre dois produtores decorre com maior equilíbrio. Quando as máscaras características ainda não estão consolidadas desse modo pela divisão de trabalho, permanecendo coladas a vida inteira às pessoas como algo natural, o gestual de cada uma das pessoas é mais adequadamente contestável. Mas isso não significa que uma relação simétrica apresentaria uma aparência menos interessada.

Um retrato da máscara característica do comprador desconfiado encontra-se em um *Curso de treinamento para vendedores*.[3] Com o título de *O cliente desconfiado. Como reconhecê-lo e como lidar com ele*, caracteriza primeiramente a "mímica e os gestos": "Economizar movimentos; comportar-se (não cometer gafes); impedimento; ficar à espreita, rugas horizontais na testa". Nesse caso, a situação social determina-se pelo encontro de dois vendedores, ou seja, o representante do atacado com o do varejo. Por sua vez, o cliente desconfiado expressa-se linguisticamente do seguinte modo: "Reservado e temporizador; lacônico, mas subitamente arremessa-se com perguntas surpreendentes; apanha os outros com perguntas contraditórias". Enquanto "comportamento geral" reaparecem as definições "sensível, atento, cético, fechado, teimoso, cheio de escrúpulos e dúvidas". A monotonia dessa caracterização fundamenta-se na máscara "objetiva" que advém da relação social entre compra e venda. A citada caracterização do cliente desconfiado desemboca, através do "tratamento" dado pelo vendedor treinado, na seguinte receita: "Não pressionar; dar tempo; mostrar compreensão ... passar-se por aberto, correto, alegre e otimista; convencer, ajudar e ganhar confiança mediante argumentos razoáveis". Essa configuração determina-se inteiramente pela observação mútua e pela simulação unilateral, com a qual um dos lados já conta de antemão, e a que o outro, por sua vez, responde simulando uma clareza e uma franqueza personificadas e uma confiabilidade alegre.

Essa franqueza é a mais fechada de todas as máscaras. Antes de entrar na loja, o comprador já é aguardado enquanto tipo, e o diálogo do ato da venda já foi sistematicamente planejado em todas as suas variantes tipológicas. As suas possíveis expressões são concebidas antecipadamente como sinais que devem suscitar respostas ótimas do ponto de vista da valorização. Todo diálogo versado do ato da venda ocorre aparentemente apenas sob a forma de conversa, correspondendo mais a uma luta, na qual só um dos lados sabe que está havendo uma luta e age de maneira correspondente. Manter o desconhecimento do lado do comprador é o estratagema mais importante do vendedor numa luta tão acentuadamente unilateral como essa. Disso faz parte a estruturação e a conservação de objetos da percepção paralelos ao processo econômico central da troca dinheiro/mercadoria e que parecem possuir outra regularidade. Quanto

CRÍTICA DA ESTÉTICA DA MERCADORIA

mais a relação dinheiro/mercadoria – em torno da qual tudo gira segundo a perspectiva do capital comercial no ato da venda – atinge a consciência do comprador, tanto mais indeterminada se torna a máscara característica do comprador e tanto menos seus traços acabam determinando o seu comportamento e a sua atenção. O que fica cada vez mais evidente nessa relação são os traços estúpidos, sentimentais e crédulos daqueles que se deixam deslumbrar pela aparência; nessa relação social na qual predomina o ponto de vista da valorização, ele vale como pessoa que precisa de algo, como "consumidor" – a máscara do "consumidor", que encobre a máscara característica do comprador expressando a contradição de interesses, é um componente importante da falta de consciência desejada e ambicionada com extremo esforço pelo ponto de vista da valorização. Tal como a mídia impõe sobre toda a sociedade uma linguagem que classifica o operário de empregado e comprador de consumidor etc. assim também investe-se um esforço enorme durante o diálogo no ato da venda, com uma linguagem segundo a qual seria um equívoco defender o ponto de vista dos interesses do comprador. Os textos para formar vendedores inculcam expressamente o instrumento das fórmulas linguísticas inebriantes, a fim de calar a máscara característica do comprador. "Muitos proprietários de loja proíbem seus vendedores de utilizar a palavra comprar."[4] Palavras como dinheiro, contrato e assinatura tornam-se também tabu, disseminando assim a aparência de desinteresse no interesse do interesse predominante. O "contrato", numa linguagem aparentemente acessível, transforma-se em "certificado de propriedade"; "assinar" transforma-se em: "'Por gentileza, coloque o seu nome e sobrenome aqui onde fiz um x'. No mesmo instante, entregam-lhe o papel é possível que acrescentem imediatamente: 'Por favor, escreva com mais força; é por causa das cópias, né?' ... As referências ao x, ao nome e sobrenome, ao ato de escrever com força e às cópias dão aos seus pensamentos um conteúdo inofensivo, desviando por conseguinte do fato de que está ocorrendo uma assinatura legal". É desse modo que o treinador de vendas Stangl esclarece a técnica recomendada por ele de direcionamento da linguagem e percepção do comprador durante o diálogo no ato da venda.[5] Oposta à ininteligibilidade sistemática e à secundariedade do diálogo no ato da venda encontra-se a clara orientação para se ater ao essencial, tal como é determinado à propaganda através da qual os trustes se dirigem aos comerciantes e a mídia aos anunciantes. "... Fique com a nata você também!", publicou a firma de leite condensado B & B numa revista especializada para varejistas.[6] O setor de co-municação do bispado católico e a *Sonntagsblatt* (*Folha de Domingo*) evan-gélica tentam atrair anúncios sugerindo que a postura de fé, suscitada pelos textos religiosos e citações bíblicas, transfere-se para a relação com os anúncios.[7]

Com a determinação das máscaras economicamente opostas do com-prador e do vendedor, surge por parte do vendedor a solução aparente da oposição de interesses, mesmo onde ainda não haja pessoas deter-minadas presas a ela. De sua máscara faz parte – enquanto invólucro eu-fórico da preocupação profunda com a realização de seu valor de troca – o entusiasmo com o valor de uso de sua mercadoria, representado no diálogo no ato da venda. Por não ser bobo, o comprador opõe a esse en-tusiasmo superficial uma desconfiança constante, o que dá à sua másca-ra econômica uma expressão característica. Acima desses papéis funda-mentados na contradição da troca, formam-se habilidades no jogo recíproco de louvor encomiástico interessado e de depreciação inversa-mente interessada, que se desprendem do ato da troca elevando-se a uma superestrutura literária, até mesmo religiosa. A cultura do diálogo pes-soal no ato da venda alcança o seu nível mais elevado na simples produ-ção de mercadorias.[8] Geralmente, ela se atrofia em seu desdobramento capitalista.[9] Por outro lado, nela se desenvolve a função de venda concre-ta e objetiva da estética da mercadoria, mais além da mercadoria. Em si, ela já está formada na simples produção de mercadorias, ainda que – di-ferentemente do desdobramento capitalista – essencialmente limitada ao corpo, ou seja, à superfície da própria mercadoria. No *Romance Tui*, Brecht descreve como um padeiro – enquanto simples produtor de mer-cadorias – estraga os seus olhos por causa de todo o seu esforço. "Ele ganha muito dinheiro depois de dar aos seus pãezinhos uma aparência bastante atraente. Ele morre meio cego, dentro da padaria, por causa des-sa atividade que exigia muito dos seus olhos, e deixa uma fortuna..."[10] A concreta solução aparente da contradição do valor de uso e do valor de troca tem a sua origem e função em comum com a viva solução aparen-te no diálogo no ato da venda; contudo, sua intervenção na relação sen-sível do comprador potencial com a mercadoria é mais fundamental por ser objetiva e – diferentemente do diálogo no ato da venda – não ser de modo algum adequadamente contestável pelo comprador.

2 A padronização dos vendedores

No *Romance Tui*, Brecht menciona a exigência da padronização executada com vigor pelos negociantes em seus respectivos empregados – sobretudo as mulheres – a partir dos anos 20. "Eles exigiam beleza das vendedoras e secretárias; estas gastavam frequentemente quase um terço de seu salário com produtos de beleza. Pintavam os lábios de vermelho para que parecessem carnudos, grossos e sensuais ... Como essas mulheres, aliás, ainda usavam sapatos de salto alto, elas, com os seus quadris ressaltados, tinham constantemente a aparência de quem estivesse consumida pelos abraços dos compradores de charutos e luvas e pelos chefes."[11] A sedução advinda dos quadris ressaltados compõe a sedução da mercadoria transferida para as agentes das vendas. O conhecido cálculo adicional é: à medida que o proprietário do dinheiro se consome com aquilo que parece se consumir por ele, junta-se uma motivação a mais para a compra. A sensação de consumir-se e a representação do "como se" detém-se no abstrato-geral, oscila e não pode ingressar no concreto--individual. "Estranhamente", acrescenta Brecht entre parênteses, "dispensa-se, aliás, os vendedores e motoristas de pintarem o nariz." Não obstante, eles também foram obrigados a se tornarem agradáveis. "Por medo de serem retirados de uso como mercadorias velhas, mulheres e homens pintam os cabelos", observou Kracauer numa enquete feita com empregados em 1929, "e os quarentões praticam esportes para se manterem em forma. *Como ficar bonita?* é o título de um folheto recentemente lançado no mercado e a respeito do qual o anúncio de jornal afirma que 'mostra meios de parecer jovem e bonita por um momento e para sem-

96 WOLFGANG FRITZ HAUG

pre'. A moda e a economia beneficiam-se mutuamente."[12] O que antigamente se impôs sobretudo à classe de empregados – em primeiro lugar, porém, aos vendedores e às vendedoras, sob a mobilização de medos sociais violentos – foi um novo padrão de aparência, gestos de autoapresentação. Kracauer observa nesse processo "uma seleção efetuada sob a pressão das relações sociais apoiada obrigatoriamente pela economia, despertando-se as respectivas necessidades dos consumidores". Kracauer vê o conteúdo desse processo "na formação em Berlim de um tipo de empregado ... a linguagem, o vestuário, os gestos e as fisionomias se assemelham, e o resultado do processo é justamente aquela aparência agradável", a qual o departamento de pessoal de uma conhecida loja de departamentos em Berlim dava especial atenção. "Aqui deveria ser como na América", disse a Kracauer um funcionário do Ministério do Trabalho, "o homem tem de ter uma cara amigável." A "afluência aos muitos salões de beleza", "o uso de cosméticos" e a procura por "curandeiros" têm para os próprios empregados – perceptível, sobretudo, quando estão desempregados – a função econômica de aumentar a vendabilidade de sua força de trabalho – a única mercadoria que podem inserir na transação de trocas. "É que", na procura de emprego, "a aparência tem hoje um papel decisivo." Rugas e cabelos brancos levam a uma "menor capacidade de faturamento" da mercadoria força de trabalho. Também essa mercadoria necessita então esforçar-se para aparentar, e sua aparência – a imagem do empregado do capital – desempenha para ele o mesmo papel que a estética da mercadoria desempenha para cada proprietário de mercadoria. Kracauer tenta descobrir "os poderes mágicos que precisam ser inerentes à imagem" da mercadoria força de trabalho no mercado de empregos, para que as portas das empresas se abram para ela. A interpretação de Kracauer quanto ao conteúdo da aparência agradável exigida continua sendo de interesse para a análise da estética da mercadoria e de sua influência sobre a padronização das pessoas. O chefe do departamento pessoal de uma grande loja de departamentos já mencionada deu-lhe a seguinte informação memorável, ao responder o que ele entendia por "aparência agradável": "Não significa exatamente bonito. Pelo contrário, o decisivo é a cor da pele cor de rosa moral, o senhor sabe...". Para Kracauer essa combinação tornou "repentinamente transparente o cotidiano repleto de vitrines decoradas, empregados e jornais ilustrados. A sua moral deve ser cor-de-rosa, deve ser empostada de rosa moral. É o que desejam as pessoas incumbidas da seleção. Elas querem

CRÍTICA DA ESTÉTICA DA MERCADORIA

revestir a vida com um verniz que absolutamente não encubra a realidade rósea". Essa fusão com o aspecto moral tem a função "de evitar a erupção dos desejos. A obscuridade da moral sem disfarce também colocaria em perigo o que existe, tal como uma cor rosa que começasse a arder imoralmente. Para que ambos se neutralizem, eles são ligados entre si ... e quanto mais a racionalização avança, maior o predomínio da apresentação dessa cor de rosa moral".

O impulso para essa padronização terrível de toda uma classe em direção ao "agradável" passa em primeiro lugar pelo setor de vendas, obrigado a personificar funções de venda de acordo com a estética da mercadoria.[13] Os chefes do departamento de pessoal das grandes lojas não estão fora do mundo econômico ao atuarem como agentes de uma seleção. Seus gostos e critérios submetem-se – tal como os dos produtores – a todas as mercadorias determinadas pelo gosto do contínuo *feedback*, que se expressa através dos números do faturamento. Para eles, a correlação do gosto popular com a estilização do gosto na aparência dos vendedores é um fator que condiciona diretamente o andamento dos negócios. O gosto popular não é, neste caso, semelhante ao da indústria cinematográfica idealizado pelos agentes do capital cinematográfico, o que nas análises de Brecht sobre o "Processo dos três vinténs" significa: "Pode-se constatá-lo empiricamente, e pelos seus instintos aguçados", que eles agem como pessoas "*materialmente dependentes da correção de suas análises*".[14] O círculo funcional, que determina em primeiro lugar os padrões estéticos da força de trabalho compradoras nas grandes lojas, é aquele da "recepção" pela clientela no sentido de promover as vendas. O que para o capital de uma grande loja é uma função de realização de seu capital-mercadoria e a imagem de seus agentes de vendas, torna-se para estes função de venda de sua mercadoria força de trabalho. Daqui retornam outros impulsos para a padronização da aparência e dos gestos em direção ao "imenso público amorfo e inimaginável"[15] que, por sua vez, emite impulsos sob a forma de números de faturamento.

A aparência não é tudo. Vender, tanto faz o que, tem de se tornar algo natural. De acordo com a exigência do capital, a venda como tal tem de se tornar algo natural, caso isto não aconteça diretamente por interesse próprio. É diferente se não se personifica a função de realização do capital próprio ou alheio. A atualização e o cumprimento efetivo dessa exigência não dependem afinal da situação de concorrência no mercado da força de trabalho dos vendedores, nem da situação geral da concorrência do capital comercial. Com sua forte posição no mercado de trabalho e, ao mesmo tempo, uma forte pressão da concorrência por parte de outros capitais de seu setor, o capital comercial absolutizará suas exigências aos vendedores dependentes. Como o capitalista poderá convencer o vendedor de que ele precisa otimizar o faturamento? Para isso, não há argumentos gerais objetivos, nem especiais, em proveito próprio. Como alavanca, o capitalista dispõe da pressão econômica associada à ameaça de dispensa e de diminuição de salário. Em virtude de sua forte posição de poder, ele não precisa empregar a versão positiva dessa alavanca, a participação no faturamento. Ele pode recorrer a isso quando tiver uma posição mais fraca no mercado de trabalho, isto é, quando seu vendedor puder encontrar facilmente um outro emprego. Ciente de sua forte posição ao ver um exército de vendedores esperando para assumir o lugar de seus empregados, ele dirá a si mesmo que seria inútil e totalmente ineficaz apelar aos seus vendedores para se esforçarem bastante por seus próprios interesses. Por que deveriam se esforçar tanto para encher os bolsos de pessoas estranhas? Já que compreende isso, ele recorre a argumentos mais elevados. Ele desenvolve um culto à venda e torna-se o pregador de um verdadeiro fanatismo das vendas. O seu objetivo – que ele nunca perde de vista –, o aumento do faturamento, deve ser interiorizado pelos seus empregados, que nada ganham com isso – e tão profundamente até ser incorporado inconscientemente por eles. Eles têm de se transformar em vendedores autômatos, absolutizando a venda de tudo e a todos, ou seja, a venda como tal. Em resumo, eles precisam introjetar a função de venda como a sua essência mais íntima, exatamente por serem dependentes e defenderem o interesse alheio.

Esse ideal pode dormitar oculto na essência do capital por muito tempo se as relações de mercado se opuserem a ele. Contudo, enquanto lei externa obrigatória, ele se defronta com o capital comercial e – intermediado por seus agentes – sobretudo com os assalariados do departamento de vendas, tão logo se formem as relações de mercado da maneira descrita. No Japão, os empresários do comércio que sofrem uma concorrência acirrada desenvolveram um programa de formação profissional com o objetivo de estimular o fanatismo pelas vendas em si mesmo.[16] A pressão da concorrência a que tais empresários se veem expostos é agravada pela estrutura de seu setor: ela é pouco especializada, e muitíssimos empresários afluem no mercado. Sobretudo a pouca especialização acaba exigindo mais dos vendedores. O programa desenvolvido nessa situação

CRÍTICA DA ESTÉTICA DA MERCADORIA

chama-se *Moretsu*, que significa "calorosamente ativo". Trata-se de uma forma de adestramento. Sua meta é criar um vendedor ávido para vender e que investe toda a sua energia natural no ato de vender. "Trata-se aqui de criar um vendedor genial com uma vontade inquebrantável, um cérebro semelhante a uma calculadora e à constituição física de um cavalo." Em resumo: "Eles pretendem criar o *sales-robot*". Esse programa de treinamento inicia-se pela manhã com uma hora de intensa prática esportiva. Depois do desjejum treina-se o "esquecimento de si mesmo". "Eles conseguem isso batendo com cassetetes sobre um móvel e soltando gritos marciais." Em seguida, inicia-se a discussão detalhada sobre o balanço das vendas da empresa. Quem é criticado pelo orientador, rola literalmente no pó e profere queixas arrasadoras contra a sua própria infâmia. "Após algum tempo, surge nos participantes a sensação de que o plano de vendas precisa ser cumprido a qualquer preço." Enquanto batem nos móveis, eles canalizam então a agressão suscitada pelo que resta de oposição contra a autoaniquilação personificada como função de vendas. Eles criam coragem ao sentirem medo. Os maus espíritos exorcizados no ritual de gritos e pancadas são os seus próprios sentimentos autônomos. Aqui, a frase dos *Sete pecados mortais do pequeno burguês* de Brecht – "quem conquista a si mesmo conquista também a recompensa" – assume a sua forma crassa. Recompensa aqui significa apenas salário. Quem golpeou, atacou e humilhou assim os espíritos adversos, expulsando-os de si mesmo, venderá como se golpeasse as mercadorias para fora da loja, ou melhor, como se golpeasse o corpo da mercadoria para que a alma dela, o seu valor, se purifique, livrando-se por fim de seu corpo pecaminoso.

3 Ponto de venda, concretização da venda e dissolução da mercadoria numa vivência sensível; compra por impulso e distração do público

A força motriz do interesse de valorização liberado desmembra os momentos inerentes ao ato da venda em virtude da socialização parcial da produção e da distribuição das mercadorias, estimulando com sua diferenciação a sua fixação independente e o desenvolvimento de sua configuração mais rentável. Expor e apresentar as mercadorias; decoração do ponto de vendas, sua arquitetura, a iluminação,[17] as cores, o fundo musical, os aromas; a equipe de venda, seu aspecto exterior, seu comportamento; a concretização da venda – cada momento de mudança de forma da mercadoria e as circunstâncias nas quais ocorre e que o influenciam são abrangidos pelo cálculo fundamental da valorização e configurados funcionalmente. Os capitais especializados, cujo interesse de lucro, por sua vez, impele ainda mais o desenvolvimento, lucram com todas essas especializações. A estética das lojas e vitrines é o objeto e o recurso da concorrência entre arquitetos e decoradores de lojas, como também entre varejistas. Desse modo, a inovação estética torna-se, no campo da técnica de vendas, uma imposição econômica da qual os capitais comerciais isolados não podem mais fugir. Esse mecanismo tem a tendência de diminuir cada vez mais o período de inovação estética das lojas. Assim, já se estabelecem que "as lojas hoje já são consideradas antiquadas depois de cinco ou sete anos, e não mais depois de vinte ou trinta anos, como antigamente, necessitando por isso de uma nova decoração".[18] Uma feira especial – a Euroshop – expõe o mercado de

CRÍTICA DA ESTÉTICA DA MERCADORIA 101

decoração de pontos de venda e similares. "Muitas empresas que pretendem tornar as lojas mais modernas e bonitas", publicou devotamente um jornal burguês em seu caderno sobre comércio – e acrescentaríamos: que lucram com a concorrência no comércio varejista, utilizando os recursos da estética da venda –, "falam de experiências e vivências através da compra que devem ser acionadas a fim de aumentar o faturamento ... Os decoradores atrevem-se cada vez mais a novos refinamentos técnicos e à organização cada vez mais refinada dos espaços de venda."[19] É a velha relação de como o homem ajuda o homem no capitalismo. O capital para a construção da loja fornece ao capital do comerciante, na luta contra a concorrência, uma arma estética valiosa, e torna-se obrigatório utilizar e aprimorar constantemente essa arma. A propaganda do capital para a construção de lojas fala num tom ameaçador: "Quem quiser vender, tem de oferecer vivências".[20] Essa "vivência através da compra" atua como uma atração suplementar para o comprador e, portanto, também como arma na concorrência entre os capitais comerciais que não podem mais prescindir dela. "Foi uma revelação...", mencionou ainda o jornal *FAZ* a respeito da inovação na apresentação das mercadorias ocorrida em 1967 na loja de departamento Globus, na rua Bahnhof em Zurique. O então chefe da loja, que coincidentemente se chama Kaufmann (comerciante), concretizou na loja "uma filosofia comercial exposta por ele mais tarde no livro arrebatador *Der Schlüssel zum Verbraucher* (*A chave para o consumidor*)".[21] As mercadorias não devem mais ser arrumadas segundo os grupos tradicionais, "mas por temas, de acordo com as necessidades e os desejos dos compradores". Não se deve confrontar o comprador com as mercadorias, mas "fazê-lo ter uma vivência". Vê-se que o próprio milagre da transubstanciação do valor, com a forma de uso da mercadoria transformando-se em dinheiro, produz um culto de mistério através da experiência de iniciação do comprador – desse iludido redentor do valor –, sob o impulso dos medos do capital diante dessa mudança de forma. "Ele não deve ficar a distância", diz um princípio da filosofia comercial do negociante. "Ele deve participar." O deixar-se-ver da mercadoria, a sua visitação, o processo de compra e todos os momentos neles constantes são calculados em conjunto segundo a concepção de uma obra de arte totalmente teatral, cujos efeitos visam predispor o público para a compra. Desse modo, o ponto de venda, enquanto palco, assume a função de proporcionar ao público vivências que estimulam e acentuam a predisposição para a compra. "Nesse palco inicia-se a venda. Portanto, esse palco torna-se também o elemento mais importante para promover as vendas." Essa inovação estética do ponto de venda – transformando-o em "palco de vivências", no qual a arrumação de diversas mercadorias deve refletir os desejos do público, a fim de desprendê-lo de suas reservas incitando-o a comprar – foi plano piloto em uma época caracterizada por uma tendência geral de mudança da "concretização da venda". "A moda tornou-se, nesse ínterim, absoluta, abrangendo inteiramente a forma de manifestação. O vestido novo exigia meias e sapatos novos que combinassem, uma bolsa adequada e uma nova maquiagem. E, além do vestuário, a moda atingia também outras áreas como a decoração de interiores." Pioneiramente, as *boutiques* abriram esse mercado e "desde então foram brotando como água", e muito provavelmente porque os seus lucros ultrapassavam o lucro médio do comércio varejista. Nessa situação,[22] sobretudo as lojas de departamentos tentaram conectar-se com o que se chama eufemística e inocentemente de aumento do "padrão de vida". Imediatamente evidenciou-se que a inovação do comerciante foi compreendida no setor como plano piloto: "O palco de vivências da loja de departamento Globus transformou-se em uma Meca, para a qual peregrinavam todos os anos varejistas de todo o mundo". Eles esperavam conseguir o acesso recém-aberto para o seu Todo-poderoso, para as suas motivações e suas metas determinantes. Por enquanto, a história termina com o cão mordendo o primeiro.[23] O Sr. Kaufmann teve de recuar, pois a "receita de vivência da Globus não satisfez suas expectativas": a Globus faturou em 1970 apenas 29 mil francos por empregado, enquanto as grandes lojas da Alemanha faturaram entre 70 mil a 80 mil marcos por funcionário. O sucessor de Kaufmann, Calveti, reduziu pragmaticamente as exigências: "a compra vivenciada" foi a sua nova solução, que tinha "de partir da mercadoria e não do palco". Na filial da loja Wertheim Ltda. na Avenida Kurfürstendamm em Berlim Ocidental, "os sete mundos da Globus" já comemoram a sua ressurreição. Em uma longa série de lojas e butiques elegantemente mobiliadas juntam-se grupos de mercadorias de extrema necessidade. Desse modo, os clientes encontram, entre outras coisas, uma Trend Shop Fifth Avenue, uma loja *western* Chisholmtrail Santa Fé e um salão de beleza Madame. Botas da moda são postas à venda na Boots-Inn e os discos mais recentes encontram-se na Blues-Inn.[24] A linguagem do capital orienta-se por Wall Street, onde o ponto de vista da valorização nega-se sedutoramente. Aqueles que lá vierem a passar por tolos, pagarão caro por seus divertimentos. A gerência calcula a nova loja como um tipo de loja de departamentos "que, embora ofereça o leque usual de sortimentos em

CRÍTICA DA ESTÉTICA DA MERCADORIA 103

toda a sua extensão, direciona-se contudo, além disso, conscientemente ao gênero médio de valor (artigos de marca da moda). Além disso, a Wertheim dirige-se, como as outras lojas, preferencialmente a um público jovem de maior poder aquisitivo".[25]

Em contraposição à estratégia da "compra vivenciada" aparece a estratégia da compra praticamente imperceptível como tal. Da perspectiva do valor de troca e – num nível mais elevado – da perspectiva da valorização, o ideal seria poder levar o proprietário do dinheiro a comprar "sem refletir sobre a necessidade dessa aquisição",[26] segundo afirma a alma do capital do caderno de economia de um jornal burguês. Para este comportamento ideal, desde que possa ser alcançado, o capital criou uma expressão própria em sua ciência prática, relativa ao comportamento do comprador, ou seja, o conceito de "compra por impulso". Para provocá-la, a apresentação, o arranjo e a configuração do preço da mercadoria recebem tarefas específicas. A sua ordenação apoia-se no encontro surpreendente com o cliente distraído. A sua apresentação não é como a de uma mercadoria procurada, mas a de uma mercadoria qualquer. Uma firma de sapatos, por exemplo, a Wosana Ltda. obteve a "maior taxa de crescimento (em 1971 em torno de 100%) ... nas vendas no comércio de produtos alimentícios e nos hipermercados, como também nas drogarias e perfumarias (em torno de 20%)".[27] Ela calcula conscientemente os seus preços considerando "as compras por impulso", atenta para que o preço final de venda fique abaixo de 20 marcos. A apresentação mostra a mercadoria como se ela já tivesse sido vendida. "Por conseguinte, uma parte dos produtos da Wosana é oferecida também em embalagens de papel celofane com alças." Ver através do papel, em vez de examinar sensivelmente a mercadoria, atua como uma lembrança sintética do exame do valor de uso já ocorrido, que, por sua vez, torna-se aparentemente supérfluo. Já se conhece a alça das sacolas usadas para carregar as compras. Tudo é preparado de modo a não causar transtornos. Pois uma pausa no ato da compra poderia se tornar uma brecha para reflexões sobre a necessidade da aquisição. A compra não percebida como tal e por isso mesmo irrefletida baseia-se tanto na distração quanto na "compra vivenciada". Se a compra irrefletida ocorre por acaso, literalmente de passagem, o desdobramento da compra vivenciada coloca o acidental no centro dos esforços estéticos, que faz o capital da mercadoria aparecer como uma distração divertida do público. A feira de Düsseldorf de 1970, Euroshop, configurou o novo estilo de venda como um padrão universal.

"É de esperar", anunciou o maior decorador de lojas da Alemanha Ocidental, "que a ativação da concretização da venda culmine no esforço cada vez mais perceptível para unir a oferta e o entretenimento."[28] Com o entretenimento, também chamado diversão, um portador adicional da força de atração estética da mercadoria ingressa no "palco das vivências" do ponto de venda.[29] Com isso, atribuem-se novas funções aos agentes das vendas. Já se disse na feira "que o varejista do futuro tem de ser não somente um varejista, mas, ao mesmo tempo, também um mestre de cerimônias".[30] A título de experiência, algumas grandes lojas de departamentos realçaram suas propagandas. "Relaxe!", publicou no outono de 1971 uma loja de Berlim Ocidental. "Aqui conosco. No mundo fascinante de uma grande loja de departamentos, você pode comprar muita alegria com pouco dinheiro. Mesmo sem dinheiro vivo! Utilize simplesmente o seu cartão-ouro. E divirta-se comprando xyz."[31]

Os eventos de entretenimento, um recurso adicional para estimular a compra derivado da própria mercadoria, têm de ser pagos também pelo comprador. A grandeza móvel ao fundo na "loja de diversões" é a mesma que no "palco de vivências": faturamento por empregado e lucro por faturamento. Portanto, a fronteira entre a mercadoria e o processo de venda começa a se desvanecer, tal como já há muito a fronteira entre o valor de uso e a estética da mercadoria. Quando uma mercadoria for vendida, serão vendidos no futuro não só a sua apresentação e a sua fama simulada – que têm de ser pagas pelo comprador – mas também a apresentação da atividade da venda. Por parte da mercadoria, os esforços conscientes almejam deslocar o acento de uma certa mercadoria delimitada para a vivência do consumo. Afinal, a estetização da mercadoria significa a sua tendência à dissolução em processos prazerosos ou então em sua aparência desnuda. Enquanto prevalecer a tendência de vender processos como se fossem mercadorias materiais-imateriais, o valor de uso terá pouca duração. Enquanto o consumo absoluto for vendido como mercadoria, o mercado permanecerá desobstruído. Para que a tendência possa se concretizar, não basta padronizar completamente um exército de vendedores; agora a padronização do comportamento e do instinto deve, ao contrário, atingir o "público em geral". Uma vez que a juventude se deixa atingir com maior facilidade, ela se tornará a expressão e o instrumento de um incentivo à padronização. Sua fetichização é ao mesmo tempo expressão e instrumento. Essa inter-relação e seus mecanismos deverão ser pesquisadas ao final através de exemplos materiais.

4 A padronização do mundo dos compradores; a roupa como embalagem; a linguagem do amor; cosméticos; a extinção e a mudança de função do odor do corpo

A propaganda transmite seu horizonte de cálculos e experiências aos seus destinatários. Ela trata seus destinatários humanos como mercadorias, oferecendo-lhes a solução de seu problema de realização. Anunciam-se roupas como embalagem, enquanto meio para promover as vendas. Essa é uma das muitas maneiras pelas quais a estética da mercadoria atinge as pessoas. As duas áreas centrais nas quais a propaganda oferece aos seus destinatários mercadorias para solucionar os problemas de "recepção" e de venda são, de um lado, as da carreira profissional no mercado de trabalho e no emprego; de outro, a da reputação geral e sobretudo do sucesso amoroso. "Como é possível", perguntou em 1968 um anúncio na Wollsiegel aos seus leitores, "que pessoas inteligentes muitas vezes não progridam e não tenham sucesso na profissão? Não diga que é azar – talvez a causa seja a 'embalagem'. Com um novo terno, você vender-se-á melhor! E quase sempre é isto o que importa na vida!"[32] Em 1969, a revista *twen* recomendou como novo passo a uma mulher que havia desfeito a sua relação amorosa e estava à procura de um companheiro: "... Torne-se arrebatadoramente linda ... experimente o que você jamais experimentou. Se quiser sondar o mercado, você precisa se oferecer na mais sedutora embalagem..."[33] À medida que o sucesso amoroso atraído pela embalagem da moda leva a relacionamentos que, vistos sob as formas de relação predominantes, aparecem sob a forma de relacionamentos dinheiro/mercadoria, pode-se interpretar os gastos com roupas como "investimento do capital". Com esse conceito, o gerente de uma cadeia de butiques de Frankfurt, Effi, definiu o comportamento de suas clientes, e sobre ele afirmou o jornal *Frankfurter Rundschau*: "Horst Weiss ... encara há anos com um olhar sóbrio o negócio com vestidos, blusas, saias, camisas, casacos, jaquetas e calças".[34] É um olhar que a pessoa referida coloca à disposição do capital comercial que ele personifica. Com sobriedade, ele vê em toda a parte a mera valorização. As suas clientes, portanto, são consideradas pelo capital personificado como compradoras de embalagens, nas quais elas se vendem a si mesmas. A sua própria função determina isso como a de um fornecedor de embalagens para a autovendagem de suas compradoras. "As escriturárias e vendedoras", disse Weiss sobre as garotas que compram com ele, "investem todo o seu dinheiro em moda – não somente para ficarem chiques ... mas também na esperança de que os seus investimentos sejam rendosos. Quando elas têm de escolher entre comprar algo para vestir ou comer regularmente o resto do mês, elas se decidem pela roupa – na esperança de encontrar com a ajuda desta nova peça alguém que as convide para almoçar."[35] Se a *twen* publicou que a mulher à procura de um homem precisa se oferecer "na mais sedutora embalagem", esse linguajar pode ser conscientemente traiçoeiro, isto é, cínico: nessa técnica, a embalagem atua como o elemento sedutor, enquanto atrativo para a compra de uma aparência bela funcionalmente determinada. Se essa determinação funcional não estiver certa, nada mais estará; assim, impôs-se um novo padrão para se obter sucesso na profissão e no amor. A concretização desse novo padrão não foi aqui a causa motriz, mas meio e efeito colateral do ponto de vista do interesse e da força motriz determinantes. As maneiras de ambicionar o sucesso e do comportamento amoroso são, segundo essa sua transformação, subproduto de determinadas estratégias de ambicionar o lucro. Essas estratégias pretendem tornar vendáveis determinadas mercadorias dos complexos de uso profissional e amoroso. A sua tática consiste em oferecer as respectivas mercadorias aos seus destinatários como meio para tornarem a si mesmos vendáveis. Trata-se essencialmente da propagação de uma determinada disposição humana para a compra; a par disso e inseparável do objetivo e da técnica, propaga-se a comprabilidade das pessoas. Da perspectiva da empresa anunciante, trata-se essencialmente da valorização de seu capital. Entretanto, determinadas padronizações do comportamento e do instinto estabele-

CRÍTICA DA ESTÉTICA DA MERCADORIA

cem-se como resultado momentaneamente permanente. Desse modo, por exemplo, um truste holandês, De Beers, luta atualmente no mercado alemão para obter os seus lucros de uma maneira cujos meios e efeitos devem impor uma mudança na linguagem do amor; na maneira, portanto, com a qual os amantes asseguram mutuamente o seu amor. É que o truste tenta "fazer do diamante, também na Alemanha, o 'símbolo do amor', criando assim novas classes de compradores".[36] Com isso, pode--se dizer que até agora ele "não deixou de ter êxito"[37], e "continua este ano com uma nova campanha visando sobretudo um nível de preços entre 200 a 1.000 marcos, a fim de atingir um público ainda mais amplo". Em breve, milhões de mulheres vão querer ganhar "de qualquer modo" um diamante no noivado e um trissete no casamento como prova de amor de seus pretendentes. O truste que instiga tais expectativas não age assim para preencher uma lacuna qualquer no mercado, mas tal comércio causa um pequeno problema para as pessoas mais pobres com as quais ele conta. Usando o *slogan* "os diamantes são presentes do amor", observou serenamente o *Blick durch die Wirtschaft* (*Visão econômica*), habituado a tais perspectivas, "em breve muitos (!) que hoje colocam no dedo de sua mulher um valioso anel de diamante terão de se consolar ... esperando não somente um carinhoso 'obrigado', mas também um correspondente aumento de valor de seu investimento de capital. Contudo, tal como o amor de muitos arrefece com os anos, também diminui o valor dos diamantes enaltecidos como símbolos do amor. É o que esperam, em todo o caso, os comerciantes de pedras de reputação internacional".[38] Como homens de negócio, os da De Beers Consolidated Mines Ltda. não podem deixar de ser reconhecidos internacionalmente como os maiores. Na verdade, no caso de grandes diamantes acessíveis apenas a poucos, conta-se futuramente com um aumento de preços. No caso dos pequenos, porém, com os quais a De Beers "atinge" os inúmeros pequenos compradores, conta-se não somente com a queda do valor e, por isso, com uma diminuição da procura por parte dos cidadãos[39] cientes do valor, mas que "eles existam em número cada vez maior na lapidação para objetos industriais".[40] A De Beers, portanto, não atua somente em qualquer lacuna de mercado, mas leva ao pequeno comprador, mediante enormes despesas publicitárias, uma mercadoria que se desvaloriza e pressiona o mercado, enquanto "símbolo do amor".

Enquanto um setor comercializa a embalagem das pessoas, o outro comercializa o seu simbolismo amoroso, um terceiro a sua aparência física, a textura e o odor da pele, a apresentação do rosto, a cor, o brilho e o penteado. Agentes especiais – chamados "visagistas", ou seja, "fazedores de rosto" – intermediam a apresentação do rosto feminino. "Qual o rosto", escreve a correspondente de moda do *Frankfurter Rundschau*, "a ser utilizado pelas senhoras no inverno de 1971/1972? De modo algum os visagistas ambicionam obter mais naturalidade – pelo contrário: a mais extrema artificialidade. A indústria de cosméticos está ávida para oferecer à mulher o maior número possível de preparados. Hubbart Ayer recomenda 13, apenas para uma única maquiagem e promete" – essa é a promessa do valor de uso – "fazer de qualquer gata borralheira uma deusa." A indústria de cosméticos oferece às mulheres serviços que mostram, em sua promessa de valor de uso, uma afinidade funcional macabra com os serviços oferecidos ao capital pelas agências de publicidade. Em ambos os casos, trata-se de uma apresentação publicitária, sendo que cada compradora é uma mercadoria se apresentando e, ao mesmo tempo, comprando assim também a sua própria comprabilidade. A "gata borralheira", desaparecendo na embalagem de uma deusa, atrofia-se num resíduo do qual temos de nos envergonhar, e que não consegue mais se manter sozinho como imagem sem a amável aparência dos serviços do capital. Contudo, quem descobre existir nos traços da deusa a função, o caráter e a embalagem, dificilmente a venerará. É assim, porém, que ela parecerá, segundo a vontade obsequiosa dos visagistas parisienses: "Três cores em tom pastel brilham em volta dos olhos. Os lábios são internamente rosa-bege e externamente superbrilhantes e creme-azulados. Além disso, criam-se maçãs do rosto ingênuas e arredondadas ... De novo têm-se as estrelinhas e os coraçõezinhos no canto dos olhos ou no queixo. Arrancam-se as sobrancelhas e cobrem-se os lóbulos com uma pinta colorida. Rubinstein pintou no rosto desenhos geométricos, quadrados e triângulos, feitos de pó-compacto em tons dourado-avermelhados. Para Helena Rubinstein os lábios devem ser bege-acobreados e marrom-dourados, as pestanas um pouco desgrenhadas, os olhos grandes demonstrando admiração e as sobrancelhas levemente torneadas".[41] Os traços duplamente determinados, enquanto momentos da estética da mercadoria – enquanto momentos da estética dos cosméticos e também da apresentação publicitária das pessoas em forma de mercadoria –, trazem em si a sua espantosa inversão. Se forem reconhecidos inicialmente em sua determinabilidade funcional, evidencia-se no fundo dos rostinhos ingênuos a rotina lastimável da avaliação feita por terceiros; no fundo dos

CRÍTICA DA ESTÉTICA DA MERCADORIA　　　　　109

olhos admirados vê-se a monotonia e o tédio. A embalagem de deusa atua, ao mesmo tempo, como camisa de força cintilante, como prêmio de consolação brilhante, num estado de submissão e degradação de um ser de segunda categoria. Além disso, a manutenção dessa embalagem não é somente cara, mas também dá trabalho. O esforço para aparentar manifesta-se aqui na absorção do tempo social de inúmeras mulheres ao produzirem a sua imagem. Desse modo, ganha-se um rosto e perde-se um outro. À sua maneira, ocorre o mesmo com o corpo; com a comercialização de sua aparência superficial, sua natureza sensual não permanece imutável. Quando o capital pretende obter lucro com o asseio pessoal, a relação existente entre a pessoa e o seu corpo não resiste a essa ávida força motriz. O aumento das vendas de cosméticos entre 1966 e 1967, na Alemanha, em torno de 10%, ultrapassando os três milhões de marcos, "fez da indústria da beleza praticamente o único setor a crescer na Alemanha Ocidental" durante a recessão.[42] A verba publicitária ultrapassou em 1967 os 175 milhões de marcos (aproximadamente trinta empresas), superando assim as verbas para a propaganda de automóveis e bebidas alcoólicas; ela só foi menor que o investimento publicitário de produtos de limpeza em geral. Com a diminuição das receitas e das possibilidades de investimento, o capital escorreu para a "indústria da beleza". Com a mesma força que leva a fome de lucros a ampliar o mercado de cosméticos, as estratégias de mercado penetram nos poros da sensualidade humana. Depois da recessão fortaleceu-se um movimento ascensional.[43] O setor cresceu e obteve lucros através de uma propaganda maciça com o mesmo objetivo puramente instrumental de submeter a relação entre a pessoa e o seu próprio corpo, ou o dos outros, a transformações radicais. A propaganda inseria-se onde quer que se pudesse aplacar o medo, a insegurança ou um desejo instintivo insatisfeito, por meio dos cosméticos.

O mercado já tradicional da indústria de cosméticos são as mulheres; a maior fatia desse mercado fica para os produtos de tratamento de cabelo.[44] A expansão serve-se de novas mercadorias[45] ou então de novas apresentações, ligadas a novas estratégias de marketing. Um exemplo drástico é a introdução repentina de "*sprays* íntimos" e outros produtos contra o odor do próprio corpo. Uma campanha verdadeira conseguiu divulgar socialmente e radicalizar a idiossincrasia contra o odor do corpo – sobretudo contra os odores sexualmente excitantes. Um resultado parcial de 1968 mostrou tanto o sucesso evidente quanto a sua especial repercussão junto aos adolescentes, que voltaram a ser "clientes ideais": 43% das mulheres entre 16 e 60 anos utilizaram no início de 1968 produtos contra o odor do próprio corpo; por sua vez, 87% das pessoas com 19 anos utilizaram tais produtos.[46] Nesse caso é preciso considerar a maneira específica da atuação de tais produtos na sensualidade humana. A barreira da atração diminui com o seu uso, isto é, os odores banidos são sentidos com maior intensidade. Onde quer que surjam – ou ressurjam – os odores, a sua percepção, agora inevitável, torna-se então algo idiossincrático. O seu cheiro passa a ser repugnante. O mal-estar perpassado pelo medo provocado pela repugnância leva à rejeição e à defesa assustada; isto é, a idiossincrasia assim adestrada tem a tendência de se expandir agressivamente. Desse modo surge uma nova norma social imediata e prepotentemente apoiada nos sentidos do indivíduo, relativa à normalidade, ao asseio, em contraposição à repugnância e ao inferior. Pode-se denominar esse fenômeno de padronização da sensualidade. Ele ilustra como os mecanismos cegos da ambição de lucro, enquanto meio em si indiferente para um fim e enquanto subproduto do lucro, moldam a sensibilidade humana.

Como a princípio os cosméticos são destinados às mulheres, a expansão depende aqui de novos produtos e também de uma ampla comercialização de artigos de luxo, reservados até agora a uma elite. Na reorganização do truste de Helena Rubinstein a partir de 1965, "tinha-se de lutar contra o fato de se oferecer algo apenas ao mundo feminino elegante e mais maduro",[47] isto é, era preciso tentar chegar à comercialização de massa. Os cosméticos enquanto mercadoria de massa caracterizam a estratégia de mercado do truste Pond's. "A empresa não pretende atingir a 'femeazinha de luxo' acostumada a comprar uma grande quantidade de diferentes produtos para cuidar do corpo e do rosto, mas a maioria da população feminina que, enquanto 'consumidoras normais', consideram os cosméticos demasiado caros e complicados." Em virtude dessa ampliação de mercado, os estereótipos existentes a respeito da essência feminina foram remodelados, fortalecidos e combinados com um programa de venda próprio. "'Ser saudável e bela é ser feliz' – os pesquisadores de mercado reduziram a essa fórmula a visão de mundo de grande parte das mulheres...", assim começa no caderno de economia de um jornal burguês um relato, que de modo algum se pretende crítico.[48] Deve estar se referindo às frustrações das donas de casa. "Elas sentem falta de reconhecimento e de vivências bem-sucedidas, como têm as mu-

CRÍTICA DA ESTÉTICA DA MERCADORIA   111

lheres que trabalham fora"; é aqui que o truste pretende penetrar com seus cremes e coloniazinhas. Inserir-se em determinadas frustrações e atrelar o "grupo alvo, formado em torno de 80% pela população feminina", à fórmula "ser saudável e bela é ser feliz" são, por sua vez, instrumentos e subprodutos de uma estratégia de lucros. Desse modo, o capital introduz-se nos medos e desejos insatisfeitos, redirige a atenção, redefine o corpo, a sua forma, o seu odor e também a sua auto-observação e o seu contato.

5 A padronização dos homens – cosméticos para homens; roupas diariamente limpas; a imagem do masculino; a entrada do pênis no palco das mercadorias

Uma direção do ataque da indústria de cosméticos evidencia-se exemplarmente no fato de que "em 1967 gastou-se sete vezes mais na propaganda de perfumes para homens do que para mulheres".[49] O capital interessado na demanda masculina pelos cosméticos teve de pressupor que para isso era preciso superar obstáculos demasiado fortes e profundamente enraizados na tradição. Os homens relutaram em usar os cosméticos por "medo de serem vistos como homossexuais, ou seja, como efeminados".[50] O gasto publicitário acima da média explica-se na medida em que o capital via em todos os obstáculos a serem superados pela propaganda uma enorme lacuna de mercado na relação do homem com o seu corpo. O instituto de pesquisas de mercado Contest anteviu "a tendência de uma imensa disposição para o uso de cosméticos também junto aos homens". O instituto de pesquisa Marplan indicara o caminho para a exploração do narcisismo, sobretudo entre os adolescentes e homens mais jovens. Nos mais velhos, o instituto de pesquisa observou o medo terrível de sair fora dos padrões remodelados e restabelecidos com base na jovialidade. "Em nossa cultura a ânsia de permanecer jovem" atua sobre os mais velhos como molas propulsoras poderosas para levar ao "uso de cosméticos".

Também o truste Rubinstein, cuja matriz localiza-se em Nova York, tenta desde 1965 abrir novos mercados. "Desenvolveu-se um programa

CRÍTICA DA ESTÉTICA DA MERCADORIA   113

especial para negros. No exterior acresceram-se também os cosméticos para homens."[51] No mercado total de cosméticos masculinos ainda são as loções pós-barba e para o cabelo o que determina quantitativamente os negócios. É comum a ambos que a sua propagação – sobretudo das loções para cabelo – esteja vinculada a racionalizações pseudomedicinais, podendo assim superar os obstáculos que fundamentam o medo masculino de parecer efeminado. A racionalização ligada à "saúde" e ao "asseio" deverá caracterizar o imediato desenvolvimento do "uso de cosméticos" pelos homens alemães. Presumivelmente é na pseudo-higiene para a eliminação dos odores do corpo que o capital obterá a próxima fatia do mercado de cosméticos masculinos.

No mercado de roupas masculinas salta aos olhos atualmente a coesão entre inovação estética e transformação da essência masculina, porque esse mercado foi relativamente estável até agora; as inovações da moda mantiveram-se em limites bem mais estreitos do que no caso das mulheres. O interesse da eficácia abrangente da inovação estética, isto é, do abrangente processo que torna antiquadas as roupas ainda em uso, juntou-se ao interesse do grande capital pelos monopólios de fatias de mercados, em novas concepções que fundem completamente o marketing com a moda. Em razão da totalização de *design*, caíram as fronteiras das mercadorias isoladas, dando lugar a grandes complexos de mercadorias. Uma compra deve então acarretar outras. Essa estratégia de mercado, já realizada com sucesso junto às mulheres, foi aplicada recentemente também no mercado de roupas masculinas. Os precursores foram as butiques. A partir de agora os trustes que organizam as suas butiques uniformemente em lojas especializadas em artigos masculinos – formalmente independentes – iniciam o sistema de *franchising*. Um acordo de cooperação fechado recentemente entre uma das maiores associações de venda de tecidos (Sütex)[52] e a Atomic Modevertrieb GmbH,[53] atrás da qual se encontra um dos maiores produtores alemães de roupas, pode comprovar o princípio da nova estratégia de mercado. "A ideia da Atomic": o nome da empresa deve sugerir como essa concepção repercute no mercado (devastando muita coisa?). Ao contrário do nome, a concepção tenta partir do átomo-mercadoria dirigindo-se à molécula-mercadoria agregada através da moda. Ela também prossegue do atomismo do varejista autônomo para a estruturação de uma rede de vendas operando de maneira uniforme e combativa. "A ideia da Atomic representa essencialmente um sistema de *franchising*, no qual varejistas autônomos firmam contratos com a Atomic Modevertrieb Ltda., que os autoriza a comprar e vender uma série de mercadorias e serviços, desde que se submetam a certas diretrizes no tocante à decoração da loja, aos preços e à apresentação. Neste caso existem lojas completas (Atomic Men's Center) e seções (Atomic Men's Depot)."[54] A propaganda e a "estruturação da marca" ocorrem diretamente a partir da matriz. Além disso, como se vê, a matriz se incumbe de todas as questões relativas à apresentação, à imagem que deve caracterizar uniformemente essas lojas, e no âmbito da qual a mercadoria isolada não passa de um mero acessório dependente, um átomo da grande molécula de uma imagem. Essa imagem, no âmbito da qual a mercadoria isolada não passa de um mero momento imagético, deve ser assimilada pelos clientes. Quem se envolver nisso uma vez deve cultivar e completar a sua imagem no âmbito do sistema. Ele tornar-se-á o cliente ideal do monopólio estético de valor de uso. Ele deve participar tanto das múltiplas tendências inovadoras da moda quanto de suas oscilações. Ele está a caminho de se tornar um assinante de mercadorias. Contudo, o truste cuja rede de vendas o apanhou não apresenta mais apenas a imagem das lojas controladas por ele e da conexão de mercadorias que ele vende, mas manipula também a imagem de seus clientes. A mudança da estrutura do mercado mencionada num exemplo isolado libera poderosas forças motrizes que remodelam a essência sensível do grupo alvo de seu ataque, ao perseguirem o seu interesse de lucro. Aqui não é possível descrever esse processo em toda a sua amplitude. Para os objetivos deste texto basta dar provas de que e como se desenrola esse processo, designado pela expressão "padronização da sensualidade", no qual a natureza sensual – neste caso a do homem – torna-se uma variável dependente do processo de valorização do capital. Com a intenção de apresentar essa prova, citaremos a seguir como exemplo alguns fenômenos relativamente casuais, que serão analisados à maneira de verificações ao acaso.

No final de 1969, por exemplo, o capital propagou uma "nova tendência de pulôveres".[55] Uma parte da campanha se ocupou com o aspecto antiquado dos pulôveres em uso, ou seja, com o outro lado essencial da inovação estética. "Pois pulôveres monótonos existem aos montes. Vamos acabar com isso. Agora são permitidos pulôveres superlongos com cinto." Chega de usar o que existe! O novo é permitido! O ideal pretendido por essa propaganda seria o tom de ordem que proíbe continuar utilizando os valores de uso existentes. Entretanto, ordens pouco servi-

CRÍTICA DA ESTÉTICA DA MERCADORIA

riam aos clientes. Pois por que deveriam ser seguidas? A propaganda só se torna eficaz para a renovação da moda, se atuar de maneira amedrontadora e atraente sobre a natureza sensual. No caso presente, o capital propaga a sua nova moda de pulôveres – no que se refere a ele – à medida que propaga uma nova determinação de característica sexual secundária do homem – no que se refere ao potencial dos compradores e que, portanto, pode ser arrebatado pelo capital. "O tórax é revalorizado (quanto mais próximo do corpo, mais atual). Efeitos vigorosos nas costelas e cores marcantes acentuam que somos homens." Quem determina isto é a "indústria-eunuco",[56] o capital. Veremos que ela se encarrega insistentemente da aparência do masculino também abaixo da linha da cintura. O cinto usado de maneira frouxa sobre o pulôver colado à pele não tem nenhuma função material e atua como mera maquiagem aparente. Sendo usado de maneira frouxa ele parece acentuar lascivamente a esbelteza, esse atributo do fetiche da juventude. Por sua vez, como tira de couro, pode se tornar um objeto símbolo para as fixações instintivas fetichistas e "significar" uma violência luxuriante por amor a si mesmo.[57] Sob o título "Os novos pulôveres estão aí!", o mesmo truste anunciou, dois anos depois, em uma forma imperativa atraente para determinadas disposições fetichistas: "Assuma o visual militar".[58] Da perspectiva do truste anunciante, esse anúncio trata essencialmente da venda de mercadorias. E, contudo, para vender essas mercadorias, reelaborou-se a imagem vigente do masculino.

Na procura de novas possibilidades de investimento e de lucros elevados, o capital mete o nariz também nos pulôveres longos. Até há pouco o mercado de roupas de baixo masculinas era tradicionalmente menor que o de *lingeries*, porque as mulheres trocam, lavam e, portanto, consomem calcinhas com frequência bem maior, e porque suas roupas de baixo, de acordo com o papel sexual social da mulher, determinado pelo patriarcalismo, têm a função de roupa excitante, representando um dos requisitos do papel sexual passivo. Portanto, no mercado de roupas de baixo, as mulheres eram as clientes ideais, e pode-se dizer que o cliente ideal do capital de roupas de baixo possuía traços "femininos". Objetivando ampliar o mercado de roupas de baixo masculinas, esses traços tiveram de ser atribuídos às massas de compradores, reelaborando sua natureza sensual e a autocompreensão masculina. Reelaborar possibilitou de um lado o início de interesses "higiênicos" e, de outro, de fantasias narcisistas de masculinidade relacionadas à vestimenta sexualmente insinuante.

Um grupo de nove firmas produtoras de cuecas propagou em 1970 a sua troca diária. O engraçado foi que a propaganda conjunta afirmava que essas empresas tinham desenvolvido cuecas especiais próprias para a troca diária. O certo era que elas mandaram produzir uma marca utilizada em comum – constituída por uma logomarca e um nome – que incluíram em uma parte de sua produção. Como prova, analisaremos a seguir duas páginas de anúncios de *Der Spiegel*.[59] Os dois anúncios foram publicados juntos, o segundo ocupando a página seguinte do mesmo caderno. O primeiro era em preto-e-branco e o segundo em amarelo – azul-celeste – verde-claro. O primeiro reproduzia a foto de um balcão de cervejaria, junto ao qual nove homens com um copo de cerveja na mão. Sete deles usavam máscaras no rosto. As máscaras representavam cabeças de porco. Dois dos homens mostravam rostos humanos simpáticos. A legenda dizia: "Apenas 10% de nossos homens trocam diariamente as suas cuecas". O leitor deveria concluir: os outros são porcos. Quando se descobre que alguém não troca diariamente sua cueca, ele deve ter perdido, então, o seu rosto – humano. O segundo anúncio apresenta o mundo simpático e asseado das roupas brancas Sympa Fresch, "especiais para o uso diário". Não se sabe se é hipocrisia ou escárnio quando o texto continua: "Por isso ficou mais fácil agora para as mulheres destes homens" – porque elas podem lavar agora roupas brancas com maior frequência? – "cuidar para que seus maridos jamais tenham de abrir mão da simpática sensação de estar usando cuecas limpas". A estratégia do grupo empresarial é definir o grupo de homens que já trocam diariamente as suas cuecas, enquanto fatia do mercado – o número aparentemente exato de 10%, na verdade, pode ser arbitrário e demasiado elevado. Através da nova marca, ela cria tendencialmente o monopólio para essa fatia do mercado. A imposição desse monopólio baseado na aparência visa, ao mesmo tempo, ampliar a fatia do mercado pretendida. Difama-se quem não troca e lava diariamente a cueca – o que realizaria também o sonho dos trustes de sabão em pó – chamando-o de porco antipático. Assim, essa estratégia de marketing contribuiu para o cultivo de um novo padrão de relacionamento com o próprio corpo. O padrão não é completamente novo, e induz a uma tendência de higiene ligada aos padrões existentes, manipulando-se a insegurança e a consciência pesada em relação ao corpo. De fato, o mecanismo de lucro dos capitais correspondentes fez avançar a padronização do afeto em direção ao aumento da distância relativa ao corpo. O meio de distanciar o corpo

CRÍTICA DA ESTÉTICA DA MERCADORIA 117

e reprimir a sua proximidade é adquirir a mercadoria. À medida que o reprimido é circundado por uma cerca de repugnância, reforça-se a dependência em relação à mercadoria. A natureza sensual, porém, é remodelada. O que até agora teve pouca ou nenhuma importância, ora incomodando é estruturado num duplo sentido em relação à fronteira do prazer. Sem ela, o prazer enfraquece-se e dilui-se. Se ela ocorre residualmente, ela fica incapacitada para o prazer, provocando em nós medo e repugnância.

O segundo caminho em direção ao comprador ideal de roupas brancas leva à introdução de roupas masculinas sexualmente excitantes. Este caminho passa também pelos "clientes ideais", os adolescentes, influenciando também os mais velhos por meio da propagação da jovialidade. Os seus atributos são as mercadorias adquiridas. Ao serem adquiridas, consegue-se mais que a venda de uma mercadoria isolada. Aciona-se todo um complexo de experiências, aparências e percepções sexuais. À medida que o capital produtor de roupas de baixo ambiciona um lugar ao sol do lucro, elas ganham relevo primeiro. À medida que elas, a fim de se tornarem vendáveis – e a preços monopolizados –, obtêm vantagens, o corpo, por sua vez, ganha relevo. Pois elas acentuam sua vendabilidade – como já foi mencionado anteriormente no tocante aos ternos – sob a forma de embalagens. Anunciam-se embalagens evidenciando-se que elas tornam vendáveis as mercadorias embaladas por meio de uma apresentação adequada. As roupas de baixo adquiridas tornam-se "receptivas", evidenciando-se que elas tornam o corpo "receptivo". Elas se tornam o material aconchegante do contorno dele. Desse modo, o interesse do capital aparece nas cuecas, nas quais o interesse do corpo aparece à medida que se anunciam as cuecas anunciando o corpo. O corpo anunciado nessa intermediação assume obrigatoriamente traços da imagem de artigos de marca e, tal como no caso destes, não se anuncia realmente o corpo, mas uma imagem publicitariamente eficaz dele. Essa maneira de tornar o capital favorável ao corpo possui traços mais ameaçadores para o corpo do que a sua negação cristã, cujo papel de missionário o capital fez numa outra constelação. Não somente a imagem do homem está se modificando (não haveria nada a objetar contra mudanças conscientes, nós homens precisamos delas), futuramente o homem terá de manter uma determinada imagem enquanto atributo de sua masculinidade, e disso faz parte a aquisição constante e renovada de um crescente número de mercadorias, além de muitíssimo esforço e cultura da aparência. As pessoas, por sua vez, são tratadas como mercadorias. Todas devem comportar-se como uma zombaria barata e impotente de um fabricante de artigos de marca, e de fato todos devem se lançar a si mesmos como um artigo de marca. No âmbito da imagem desse artigo de marca, o membro masculino ingressa no palco, ao lado de outros atributos, movido pelo interesse de lucro do produtor de roupas de baixo. Somos estimulados a comprar cuecas à medida que estas sugerem a demonstração do membro.[60] Desse modo, o membro foi outra vez mostrado publicamente depois de séculos de crescente proibição – enquanto membro de uma imagem.[61] As roupas brancas mostradas por ele tornam-se coloridas. A sua promessa de valor de uso contém a propaganda do corpo. Contudo, suas promessas movimentam-se numa região diferente da do corpo; ela promete algo diferente do que ele pode cumprir. O seu desempenho adequado seria, como em todas as outras propagandas, a percepção que resta nelas. Embora a compra dessas mercadorias seja movida pelo desejo sexual, elas aparecem a fim de serem observadas no espelho. Ou, utilizando uma expressão de Sartre: elas prometem o ser-para-outro, mas na mera forma de seu ser-para-mim. É, portanto, apenas aparência para o outro.

Recentemente ofereceu-se aos adolescentes uma mercadoria que lança luz sobre uma tendência, mediante o exagero de suas características. São cuecas que proporcionam aos seus usuários uma fachada fálica. Com a marca Mother Wouldn't Like It, elas são oferecidas na Inglaterra aos adolescentes como cuecas que "despertam o animal dentro de você".[62] Uma ilustração publicitária mostra elegantes corpos imberbes de dois jovens, da cabeça aos joelhos. Estão usando cuecas *slip* tão apertadas que o formato estabelece fronteiras estreitas em relação ao segredo animal que elas prometem, enquanto embalagem. Além do mais, essas cuecas não possuem braguilha. Isso mostra que não são práticas enquanto roupas de baixo mas, no máximo, como figurinos para exibição. A *gag* reside no fato de que elas possuem aplicadas sobre o local em que se encontra o pênis estampas com cabeças de animais. Atuam como estampas de embalagem, visando estimular a compra – mas o que prometem? Prometem a quem comprar essa embalagem uma masculinidade fálica de potência animal, desde que usadas. Observando a conexão entre promessa do valor de uso da mercadoria e a necessidade do comprador, deparamos com uma variedade do quiproquó fundamental da estética da mercadoria que mostra em que esquecimento uma coisa pode cair, caso a estética da mercadoria venha a mostrá-la numa óptica tosca.

CRÍTICA DA ESTÉTICA DA MERCADORIA

O que impulsiona o comprador a comprar pode ser o desejo – articulado aparentemente numa mercadoria e trazido à luz através da propaganda do Mother Wouldn't Like It – de ser reconhecido como um herói fálico. Freud pesquisou quantas experiências da insuficiência orgânica continuam frustrando os sonhos de um rapaz de se tornar um grande herói. A "decadência do complexo de Édipo" não pressupõe o embate efetivo com a ameaça de castração do pai rivalizado; o complexo de Édipo decai na insuficiência orgânica, e de fato não repentinamente, mas numa longa corrente de penosas privações entrelaçadas e sempre repetidas. Quando o adolescente é atraído para a compra através da promessa de ser reconhecido como homem fálico, mediante a mercadoria, ele efetua a compra porque gostaria de *ser* assim e não porque ele queira apenas *estar embalado* como um deles. Por meio da aparência, a mercadoria promete-lhe o ser. A mercadoria adquirida, porém, proporciona-lhe apenas a aparência do desejado. Quando muito, ela serve à mera satisfação imaginária de fantasias fálicas onipotentes, exploradas também pelas histórias em quadrinhos. A mercadoria seria útil, então, apenas enquanto adereço de um heroísmo ilusório. Contudo, só isso não basta.

Depois que a mercadoria juntou estímulos psicossexuais ao invólucro, oferecendo-se como adereço para um heroísmo fálico imaginário, surgiu de seu vazio eletrizante a tendência de criar espaços imaginários na realidade. O que veio à tona não resiste sozinho. As formas de relacionamento que se desenvolvem em torno de tais adereços permanecem loucamente imaginárias. Substituindo outros adereços, isso se manifesta nas cuecas que "despertam o animal dentro de você". Elas são a embalagem que é comprada porque promete mais do que o produto embalado pode cumprir. Elas são a embalagem que não pode ser aberta, porque o produto tem de se ocultar cheio de vergonha sob o invólucro que promete demais. E, contudo, a superfície cumpre a sua função somente à medida que demonstra ser em si mesmo, junto com a essencialidade do conteúdo, uma mera embalagem insignificante. A embalagem que atuasse como absoluta e que dissesse, com Oscar Wilde: "apenas espíritos superficiais não julgam baseados nas aparências",[63] revelando-se uma mera superfície pretensiosa sem nada por trás, ficaria desprestigiada e seria desintegrada por uma mistura de raiva desiludida, escárnio e alívio. Pois aonde quer que seja levada, a embalagem fascinante cria espaços imaginários dentro dos quais os relacionamentos se propagam, do mesmo modo que levaram

120 WOLFGANG FRITZ HAUG

o comprador a comprar. Enquanto a propaganda de tais mercadorias continuar sendo de fato, ao mesmo tempo, mera propaganda pela propaganda, a corrente do quiproquó não se rompe com a compra. Enquanto essas embalagens forem usadas, a propaganda continuará. Quem comprou para parecer amável, será de alguma maneira traído pela mercadoria. Pois ela proporciona ao comprador apenas uma propaganda tão indeterminada e geral como a sua própria, mesmo que a propaganda se dirija difusamente ao mundo dos donos do dinheiro, no âmbito de um mercado. Indiscriminadamente convidativa, a estética da mercadoria sorri para todos, e a alma da mercadoria é tanto flexível quanto promíscua. Atuar de maneira tão amplamente lasciva como atua a estética da mercadoria, fazer uma "oferta tão indiscriminada do corpo à volúpia alheia"[64] como faz a mercadoria só têm sentido se ocorrer segundo a perspectiva do valor de troca. Quem compra tais mercadorias anunciadas como se estivessem anunciando o corpo terá a sua aparência prostituída por elas, vestirá suas particularidades sexuais com a embalagem da comprabilidade, fazendo que elas se ofereçam a todos que as virem.

Andy Warhol elaborou para um truste americano a capa de um disco que recolocou a propaganda do pênis na superfície de uma outra mercadoria, ou seja, de um disco. Muniram-se os varejistas com o respectivo material ilustrativo, e o disco teve uma venda estrondosa, favorecendo o truste cuja filial alemã recém-inaugurada repentinamente fincara pé no mercado alemão, "sem dúvida com a ajuda dele".[65]

A capa do disco[66] mostra um homem de quadris estreitos vestindo uma calça *jeans* justa, do cinto até a parte superior das coxas. O tecido da calça, como já foi dito anteriormente, é de um material acentuadamente aconchegante, sob o qual se distingue o corpo. Destacado pela técnica de Warhol, a composição gráfica da foto deixa-nos distinguir o membro com toda a clareza. Introduziu-se na ilustração um zíper verdadeiro que pode ser aberto. Quem compra o disco compra portanto também uma cópia da braguilha de um jovem, perceptível enquanto embalagem no truque gráfico que destaca o pênis, estilizando assim o conteúdo prometido. O comprador compra com isso a possibilidade de abrir a embalagem, puxar o zíper e... não encontrar nada dentro. É a história das roupas novas do rei às avessas: a história dos novos corpos dos compradores. O que eles compram são apenas embalagens que aparentam algo mais. Warhol, como nas latas de sopa assinadas à mão e em muitos de seus eventos anteriores, pode revelar-se um crítico social e um

CRÍTICA DA ESTÉTICA DA MERCADORIA

elucidador à medida que deixa entrever o logro reinante, exagerando-o de maneira aparentemente afirmativa e fazendo que até o mais idiota perceba o que está por trás da propaganda. Talvez ele vá adiante e proponha através de sua *gag* – ao utilizar uma braguilha com um zíper autêntico como capa de disco – a liberação do falso encanto lançado nas pessoas pela estética da mercadoria. A proposta contida em sua *gag* seria: aceitemos todo e qualquer convite; aproveitemos toda e qualquer ocasião promissora, e onde quer que embalagens prometam cheias de brilho algum conteúdo, vamos desembrulhá-las. Um tal comportamento poderia dissipar o "encanto podre do caráter da mercadoria" (Walter Benjamin) e reduzir as coisas imaginariamente carregadas à sua medida natural. Se Andy Warhol chamasse a atenção deste ou de algum conteúdo esclarecedor semelhante de seu produto, haveria mais objeções contra a maneira de sua suposta intermediação do que contra a sua proposta. Warhol não somente desmascara a estética da mercadoria, fazendo que a máscara atue novamente apenas como propaganda, mais refinada que a simplesmente desmascarada. Pior ainda: dessa maneira a estética da mercadoria transmite, supostamente, através de seus próprios recursos implícitos um cinismo mesclado com a decepção por termos nas mãos apenas mais uma embalagem. Entretanto, ela não retoma seu espaço imaginário com suas deduções e seus fascínios, mostrando-se vazia ao ser aberta. Pelo contrário, o nada revelado parece envergonhar e viciar o possuidor. Se for assim, o esclarecimento e a decepção provocados pela capa de Warhol não suscitam raiva nem deixam entrever as conexões. Estranhamente, o prazer não satisfeito parece levar à submissão, que permanece voluntária, contanto que não seja recompensada e não expresse nenhuma relação prazerosa verdadeira.

6 As tendências da padronização da sensualidade – gênese sociológica do rejuvenescimento obrigatório; a atuação dos encantos juvenis; paisagem residencial como paisagem sexual, na qual não se pode envelhecer, mas apenas morrer

No final dos anos 20, Kracauer observou que se procede com funcionários mais velhos com menos consideração do que seria rentável, mesmo da perspectiva desrespeitosa da valorização. Kracauer insere essa questão no contexto do "abandono geral dos velhos no presente", e continua: "Não somente o patronato – o povo inteiro se afasta deles e glorifica a juventude em si de uma maneira surpreendente. Ela é o fetiche dos jornais ilustrados e de seu público; os mais velhos a cortejam, e novas formas de rejuvenescimento ambicionam conservá-la". A velhice corre encantada atrás da juventude, "que não passa de um funesto equívoco para designar a vida".[67] Pois a juventude, por sua vez, submete-se então a uma lei que Brecht alguns anos mais tarde formularia enquanto quintessência dos *Sete pecados capitais do pequeno burguês*: "Não aproveite a juventude, pois ela passa!". A velhice, junto com o que pôde alcançar em posição social, graças à juventude não aproveitada, revela-se inútil e olha obsessivamente para o passado. Kracauer interpreta as causas deste círculo vazio constantemente desencontrado de maneira um pouco sombria e temerosa – algo na escuridão pode ter escapado do disfarce necessário ou, então, de uma tradição filantrópica, apesar de contemplativo-pacifista –, compreendendo "essa idolatria impulsionada pela juventude" em parte como reflexo da economia capitalista em seu conjunto, em parte como reação a determinadas mudanças na esfera da produção e da administração. Seria intolerável duvidar que "a atividade econômica racionalizada favorece esse equívoco, e até mesmo o provoca". O surto de racionalização que transformou a produção e a administração nos anos 20, associado às inovações tecnológicas trouxe novas exigências para a qualificação profissional, sobretudo dos empregados. Naturalmente, as novas gerações, cujo período de formação profissional coincidiu com o movimento inovador, puderam satisfazer melhor a essas exigências, tanto mais que acompanhadas por uma exploração agravada, mas sem nenhum programa de alojamento e de reeducação profissional para as gerações mais velhas de empregados. Para muitos o processo foi terrível; tornou-se uma maldição ter mais de trinta anos. Para muitos, o futuro parecia assim, tal como um desempregado respondeu a uma pesquisa da união sindical dos empregados: "O futuro me parece sem perspectivas e desesperador. O melhor seria morrer logo – escreveu um homem de 32 anos (!), casado e pai de dois filhos".[68] Tais experiências, pelas quais milhões de pessoas passaram, contribuem para consolidar em toda a sociedade uma valorização elevada do jovem, cujo brilho no capitalismo alimenta-se dos pavores secretos da velhice. Idolatrar a juventude reprimindo a velhice, contudo, contém um excesso que não é absorvido mesmo pela racionalidade desumana da exploração capitalista. Kracauer interpreta-o como reflexo da existência insensata no capitalismo, enquanto ela for determinada por suas funções. Entretanto, ele expressa isso de maneira apenas velada. Uma vez que a atividade econômica racionalizada não está segura de seus propósitos, ela "coíbe" às massas trabalhadoras questionar sobre o sentido de sua existência. "Mas se as pessoas não podem lançar o olhar para um fim significativo, tira-se delas também o fim mais extremo, a morte. Suas vidas, que para ser vida deveria ser confrontada com a morte, empaca e retorna aos seus primórdios, à juventude. Ela, que dá origem à vida, torna-se a sua realização pervertida, porque a realização autêntica é tolhida. A economia dominante não se deixa analisar; por isso, a mera vitalidade deve triunfar."[69] O sentido da valorização do capital à qual elas estão atreladas não diz respeito às massas assalariadas; enquanto a existência delas for determinada pelas funções da valorização do capital, esta não terá para elas qualquer sentido, sendo apenas servidão ao salário, um meio de sobrevivência, mas determinado, em sua forma econômica, não pelo propósito de garantir o sustento, mas apenas de "levar vantagem", de lucrar. Portanto, ter vivido e trabalhado jamais significará para os trabalhadores no capitalismo: ter realizado uma obra que poderia ser vista ao final como o conteúdo que preenche suas vidas, tal como ocorre no socialismo com cada máquina, cada fábrica, cada bairro construído por eles. Na velhice e na morte, essa experiência é inevitável; em circunstâncias desconhecidas e fora de uma organização de classe, essa experiência reincide na velhice e na morte que agora parecem duplamente terríveis. As expectativas cegas, sem consciência de classe, refluem para a "juventude".

O encanto juvenil encontra-se com frequência a serviço da estética da mercadoria. O mundo da mercadoria irradia-o de volta para o público reforçando ali uma padronização da sensualidade orientada de acordo com a juventude. O resultado e o ponto de partida dessa padronização aparecem sob a forma de vendedoras. A juvenilidade delas é aproveitada pelo capital como função de venda, enquanto a "velhice" – agora um conceito bem mais relativo – é rejeitada e preterida. Esse processo reforça também o encanto da juventude repleto de medo, na forma já descrita. O contexto de atuação reforça-se através da reação. Um outro reforço esporádico advém do círculo funcional da inovação estética. De maneira dupla, esse círculo funcional apresenta como efeito colateral o estabelecimento de uma imagem do adolescente sob a forma de modelo e imagem condutora, de objeto do voyeurismo e geralmente do desejo sexual: do ponto de vista do capital, passível de se valorizar mais, mediante a inovação estética regularmente repetida, os grupos de compradores jovens são particularmente ideais porque reagem de modo rápido ao novo e são suscetíveis à forma e ao visual – tanto ativa quanto passivamente –; ao mesmo tempo, são eles que desenvolvem continuamente novas formas e "estilos", proporcionando assim um fundo subcultural, do qual o capital pode continuar extraindo o material para renovar a moda. Sobretudo diversos grupos de contestação dentre os adolescentes são informalmente muito produtivos para o capital. Baseados em sua autocompreensão, eles se definem como não pertencentes ao modo de vida estabelecido; ao tornarem objeto de crítica as questões manifestadas acerca do modo de vida, eles desenvolvem continuamente formas de manifestação novas e temporariamente próprias, com a pretensão de torná-las inconfundíveis, sendo, ao mesmo tempo, contínua e reiteradamente expropriados. Cada nova tendência da autorrepresentação estética da juventude leva automaticamente ao surgimento de um mercado que, do ponto de vista

CRÍTICA DA ESTÉTICA DA MERCADORIA   125

do mercado capitalista, atua como mercado experimental. As formas de manifestação das mercadorias que ingressam nesse mercado são apropriadas gratuitamente pelos trustes, isto é, as mercadorias nesse mercado experimental, geralmente informal, atuam para o capital como mercadorias-piloto. Ao se formarem mercados experimentais e mercadorias-piloto nas subculturas dos adolescentes, a adolescência mantém-se como sinal da procedência daqueles, que por sua vez são apropriados pelo grande capital e conduzidos para o mercado geral. À medida que se propaga uma inovação estética assimilada desse manancial, com o objetivo de tornar antiquadas as mercadorias de uma determinada espécie ainda em uso, rompendo assim novamente o mercado com a violência dos estímulos sensuais, propaga-se, ao mesmo tempo, a juventude. Com o reforço do estímulo da imagem condutora da juventude, o círculo funcional torna-se, por sua vez, mais estreito. Se os adolescentes atuam como imagens condutoras, isso significa que a propaganda de uma inovação estética não "chega" diretamente, passando antes pelo comportamento dos adolescentes. Imita-se o que eles fazem.[70] O cliente particularmente ideal torna-se o ideal universal. Desse modo, muitas concretizações do interesse de valorização capitalista apresentarão o seguinte efeito colateral: orientar-se pela adolescência.[71]

A adolescência torna-se a retícula das imagens não apenas dos negócios bem-sucedidos, mas também do que atrai sexualmente, aparentando por isso ser bem-sucedido e feliz. Outra vez estabelece-se um círculo funcional obrigatório. A princípio, o medo tinha de ser abandonado pelo capital em virtude da velhice. Esse medo foi imediatamente "remediado" no sentido capitalista, através da oferta de mercadorias que prometiam proporcionar a aparência juvenil. Logo, ninguém mais pode "ficar abaixo" do padrão estabelecido de apresentação juvenil dos adultos sem ser rejeitado, sendo portanto ameaçado pela rejeição. O que teve início na vida profissional, sobretudo, de um exército crescente de empregados determinou afinal a atração sexual – e realmente não mais somente daqueles que foram atraídos ou rejeitados pelo capital, de acordo com a medida de sua aparência juvenil. Estabelece-se então um padrão de juvenilidade semelhante ao da atração sexual. Resulta daí o castigo da caducidade sexual e, portanto, do isolamento e a imposição universalmente ampla do uso de "cosméticos" e de objetos de decoração de interiores. As mercadorias, com as quais as grandes firmas – usando a linguagem delas – "rejuvenescem" a sua oferta explorando e reforçando essa tendência, respondem a essa mistura de cobiça e medo social e sexual por meio de sua promessa estética de valor de uso. Elas se oferecem ao comprador sob a forma de objetos instintivos, enquanto formas de manifestação da juventude almejada; e se oferecem como meio de apresentar a própria aparência de modo que ela estimule nos outros o desejo voltado para a juvenilidade, ou pelo menos não se abale com o sinal da velhice. Entretanto, cada uma dessas mercadorias tapa um buraco abrindo outro. Uma mercadoria puxa outras mercadorias e uma compra, outras compras. Essa dinâmica tem uma tendência totalitária; ela ambiciona totalidades erigidas respectivamente por gerações de mercadorias. Estas mostram a dinâmica pretendida por meio de conceitos tais como "moda total" e "*design* total", oriundos da linguagem dos agentes do capital e que são alcançados somente de modo insuficiente. Pois esses conceitos atingem primeiramente determinados grupos de mercadorias, por exemplo, a "moda feminina" (roupas, perucas, cosméticos, acessórios) ou a "cultura habitacional" (móveis, tapetes, cortinas, luminárias, vasos, quadros etc.). Se no mundo humano as gerações coexistem, o mesmo ocorre no mundo das mercadorias com os "estilos", cada qual cobrindo respectivamente um segmento do mercado e no âmbito dos quais as gerações de mercadorias se sucedem. No caso dos estilos padronizados previamente para os compradores mais jovens ou decididamente orientados pelas imagens condutoras juvenis, as gerações se sucedem velozmente, e a mais recente reprime radicalmente a precedente. Diferentemente dos seres humanos, cada geração de mercadorias abrange toda a "família de produtos". No caso das salas de estar, os móveis, cortinas e as correspondentes reproduções artísticas para decoração são de uma mesma linha. Uma configuração executada com determinação faz surgir sempre mundos interiores cambiantes como que da mesma fôrma. A única coisa determinada nessa configuração é que eles precisam ser "novos" e homogêneos, estimulando a compra. Uma tarefa assim tão estruturada leva ao perfeccionismo formal um esboço para o qual o projeto é indiferente. Nisso reside uma pressão para a arbitrariedade subjetiva, que advém objetivamente das pressões da valorização do capital. Neste *design* não se trata essencialmente de realizar ideias, mas de fazer ideias enquanto disfarces sempre novos do capital proteico. Essa tarefa faz do aspecto "criativo" – como se autodenominam os criadores a serviço do objetivo em si amorfo do capital – uma sombra horripilante do homem criativo: o que ele cria desfaz-se sempre na vanidade de um mero subterfúgio ime-

CRÍTICA DA ESTÉTICA DA MERCADORIA

diatamente reprimido pelo seguinte. Por outro lado, é justamente essa vanidade do *design* capitalista que libera inigualavelmente a vontade de configuração e acentua o seu efeito. O negativo no *design* capitalista é visto como positividade desmedidamente exagerada, e sua pobreza, como abundância. O fato de que o encargo da forma não advém do relacionamento das necessidades humanas com os objetos de uso, mas apenas da necessidade de valorização do capital e do seu instrumento da inovação estética expressa-se como uma utilização decorativa repentina, sob a qual os objetos de uso não guardam nenhuma estabilidade rotineira e racional. Se compreendermos as funções de uso como o seu núcleo racional, então toda função de uso tornar-se-á para o *design*, com sua função capitalisticamente determinada, um pretexto para "dar forma". Sempre que possível, novas mercadorias proliferam em torno de cada um desses pretextos. Todo componente funcional de um cômodo, de uma moradia, é atingido pelo *"design"* inflando e colorindo a sua superfície, tal como num desenho animado dos Estúdios Disney. A moradia torna-se então "paisagem".

"Uma nova maneira de viver": está impresso em cores num prospecto de uma firma de móveis, que em si já representa um triunfo da técnica da reprodução; "uma nova maneira de viver exige uma nova ideia de mobília. Móveis-K... concretize-a".[72] Esse círculo funcional – maneira de viver – ideia de mobília – concretização em forma de mercadoria – ilustra menos que meia realidade. O que se considera aqui como ponto de partida – a maneira de viver – é bem mais um resultado. Se o capital desenvolve e concretiza "ideias", a partir das necessidades atuais de determinados grupos humanos, as necessidades, então, não sabem mais o que lhes acontece, tanto mais que apenas os segmentos de necessidades "passíveis de serem satisfeitas" sob a forma de mercadoria são selecionados e "satisfeitos" mediante a oferta de mercadorias. Evidentemente, os momentos de excitação do instinto, a partir dos quais a firma de móveis desenvolveu as suas ideias para uma paisagem habitacional, eram tanto as novas tendências sexuais conjugais quanto as que ampliavam as fronteiras conjugais, que se tornaram abertamente articuláveis, em virtude da dissolução da moral puritana da burguesia e, sobretudo, das novas classes médias independentes. A "nova maneira de viver", paródica Renascença de uma *nova vita*, é definida pelo capital mobiliário como um segmento de mercado ao lado de outros e beneficiado com uma oferta especial de mercadorias. É a paisagem habitacional enquanto paisagem sexual. Os prospectos encartados nos jornais diários burgueses preparam os próprios habitantes dessa paisagem. Um prospecto desses diz, por exemplo, "Móveis Angélica para amantes mimados".[73] Entre paredes espelhadas, em grandes divãs redondos e sobre grossos tapetes de madeixa imitando a pele de um animal,[74] mas representando também uma paisagem de musgo ideal, os corpos são expostos em sua nudez juvenil, não somente homem com mulher, mas também mulher com mulher, ficando de fora apenas a homossexualidade masculina. A paisagem habitacional, fundida com uma numerosa família de mercadorias, não está mais circundada e decorada apenas – como está tradicionalmente a mercadoria isolada – por objetos sexuais, mas aqui se forma um complexo inteiro de mercadorias que circundam a vida sexual. Quem tem uma moradia assim, anseia objetivamente, na configuração concreta de sua moradia, por uma maneira de viver correspondente, queira ele subjetivamente ou não. Os comportamentos apresentados são a princípio um "estar situado", no sentido de estar presente; ver, ser visto e de reflexo de processo total. Esta moradia é "*sexy*", tal como uma variante anterior era "agradável". A atitude lasciva apresentada, os materiais felpudos e a iluminação indireta sugerem tirar a roupa, tal como as figuras humanas nos prospectos. O instinto está implícito nessa paisagem habitacional; é o seu traço característico. Por mais que ela advenha dos estímulos instintivos emancipatórios que o capital descobre, tomando-os como pretexto para uma concepção de forma e realizando-os como mercadorias, após a compra dessa paisagem sexual em função de os estímulos instintivos do comprador almejarem encontrar satisfação nela, ela adestrará uma determinada estrutura instintiva, não mais idêntica àquela tomada como ponto de partida da "ideia".

Quem possui essa moradia tem seus impulsos levados para uma direção que preenche esse envoltório de uma vida sexual com vida, a sua vida. Ele terá de povoá-la com companhias adequadas, isto é, com parceiros sexuais. Isso está longe de ser a única aquisição. Deixemos de lado os inúmeros acessórios, entre eles, o bar e as bebidas imprescindíveis para estimular e vivificar essa paisagem sexual. Essa paisagem anseia por corpos que se coloquem nela de maneira aberta e visível. A luz dos corpos luminosos, cuja forma infla-se no mesmo ritmo que o de todos os outros componentes da mobília, deve poder penetrar em cada dobra do corpo. Essa moradia anseia por corpos sem odores e nos quais tudo esteja preparado para ser observado. Quantas aquisições têm de ser efetuadas

CRÍTICA DA ESTÉTICA DA MERCADORIA

e quanto trabalho custa até preparar um corpo assim para ser observado! Precisa-se de um leque inteiro de mercadorias da indústria de cosméticos... À medida que essa paisagem habitacional exige corpos sem barriga, rugas e fraquezas, o círculo se fecha mais, no tocante à imagem condutora dos adolescentes. Não que ela fosse realmente concebida para adolescentes; ao contrário, ela foi feita para adultos que se esforçam para aparentar a beleza da juventude.[75] Num tal interior, no qual os corpos se espelham, nada é refletido. Os comportamentos aqui inadequados são o trabalho – excetuando aquele investido na aparência –, a política, a discussão etc. Nessa moradia ninguém envelhece, nem mesmo se aflige. Toda e qualquer preocupação, sobretudo a melancolia, é considerada aqui algo reprovável, e torna-se tabu. Fora da vida na luz, em meio a corpos untados com creme, essa moradia sugere como alternativa, na melhor das hipóteses, a separação total, a morte. Quem quiser sobreviver envelhecendo numa tal moradia, terá de se livrar dela como uma crisálida, trocando esse *design* por um outro e deixando, enquanto comprador, um segmento do mercado para ingressar num outro.

7 Estética da mercadoria, significado amplo – Hush Puppies e a divulgação de uma raça de cães; sujeito-objeto constituídos conjuntamente pela estética da mercadoria; história natural do capitalismo

Em 1943, na época da economia de guerra, o governo americano exigiu que a indústria de manufatura de carnes estabelecesse, através de novos métodos para a despela de leitões, uma base para a valorização das peles na indústria de couros e calçados. Uma firma de calçados e curtume desenvolveu, então, máquinas especiais de despela. Essa empresa tornou-se um dos maiores trustes de calçados do mundo, a Wolverine World Wild Inc., Rockford (Michigan), que de 1958 a 1971 vendeu mais de 120 milhões de pares de sapatos usando a marca Hush Puppies e uma logomarca mostrando um cão bassê. Desde 1963 existe uma empresa alemã licenciada, que só na Alemanha Ocidental vendeu até 1971 mais de 6 milhões de pares de sapatos. A fim de que a pele dos leitões, a *pigskin*, "considerada apenas 'subproduto', não falte ao truste, há uma onda contínua de churrascos para os quais os muitos leitões americanos têm de doar a sua vida".[76] A logomarca – a imagem do cão e o nome – é conhecida por mais da metade dos cidadãos alemães e até mesmo por dois terços dos menores de trinta anos, ou seja, por mais pessoas que os políticos "conhecidos" por quase todos. Para responder à questão de como chegou a essa logomarca, o truste tem uma história pronta que merece ser examinada com o testemunho acidental do espírito do capitalismo. Em 1958, em algum lugar no sul dos Estados Unidos da Amé-

CRÍTICA DA ESTÉTICA DA MERCADORIA 131

rica, o gerente de vendas da firma testemunhou casualmente algumas pessoas comendo pipocas, atirando-as e gritando "Hush Puppies!" para os seus respectivos cães, que latiam. Isso significa algo como "quietos!" ou "Façam silêncio, cãezinhos!". *Puppies* significa literalmente bonecas; além disso, a palavra designa "cãezinhos". Ao observar a cena, o gerente de vendas teve uma revelação. Depois disso, ele achou que seria mais lucrativo para a sua firma se ela tivesse algo para alimentar uma outra espécie de cães que latem. Essa outra espécie para ele era o público, o mundo dos compradores. Numa "pesquisa de consumidores" – um questionário às pessoas que interessam como possíveis compradores – havia sete nomes (marcas) a escolher. O nome Hush Puppies foi o que recebeu menos votos. Contudo, ele foi o escolhido porque agradou aos comerciantes, de cujas vendas a firma mais dependia.

Vejamos: a gerência de vendas quase não se interessou pelos "consumidores", e o sucesso deu-lhes razão. A avaliação dos consumidores pôde ser remodelada. Eles foram alimentados com uma figura de animal. O tom elogioso da reportagem no caderno de Economia do *Frankfurter Allgemeine Zeitung* reflete o sucesso alcançado pela marca: "Este sujeito cativante à primeira vista" diz ele sobre a imagem do cão incorporada à logomarca, "que com suas longas orelhas marrons e o seu focinho branco aparenta ser sincero e um pouco desastrado, tem hoje amigos em 46 países do mundo".[77] A ânsia de lucro que alimenta os homens, como se fossem cães latindo, tornando-os dóceis, jamais teria tantos amigos no mundo sem essa dissimulação. Com o símbolo do animal, produz-se uma aparência sincera e um pouco desastrada a fim de alimentar a desconfiança racional dos compradores e levá-los a calar-se. O sucesso imediato pretendido por essa propaganda de marca acarretou lucros gigantescos e um rápido crescimento do capital da Wolverine. Mas, além disso, houve – como subproduto, por assim dizer – mais um sucesso paralelo. A raça de cães utilizada na logomarca, a serviço da imagem usada para propagar determinadas mercadorias, propagou-se também e, por conseguinte, aumentou a sua popularidade e a sua divulgação entre os apreciadores de cães. "O bassê tornou-se realmente o cão da moda em muitos países."[78] Como nesse caso a divulgação de uma raça de cães surge como subproduto, o mesmo ocorre com as pessoas no adestramento e na divulgação de certos comportamentos. O questionamento da crítica da estética da mercadoria permanece, portanto, restrito à análise da apresentação estética das mercadorias. Nesse questionamento pode-se analisar as relações humanas entre sujeito e objeto no capitalismo, desde que estejam condicionadas por objetos, sob a forma de mercadorias, e por sua manifestação estética funcionalmente determinada segundo a perspectiva da valorização.[79] A totalidade das mercadorias da casa de móveis, por exemplo – como examinamos no tópico anterior – ultrapassa bastante o "*design* total" que faz dessas mercadorias juntas uma unidade estética. Elas não somente arrastam grupos inteiros de mercadorias de outros setores, mas também cultivam comportamentos, estruturam a percepção, a sensibilidade e a capacidade de avaliação, padronizam a linguagem, as roupas, a autocompreensão, bem como as atitudes e até mesmo o corpo, mas sobretudo a relação com ele. Por isso, as mensagens de sucesso dos trustes cujas mercadorias são destinadas ao consumo de massa são ao mesmo tempo mensagens de sucesso do *front* de uma padronização da natureza humana. A força motriz atrás dessa padronização é a ambição de lucro, da qual podemos dizer parafraseando Brecht: "O que é a fúria de um tufão/Comparada ao capital que almeja o lucro!" O que em Brecht significa: "comparada ao homem que quer ser divertir".[80] A frase é extremamente sucinta: a fúria completa surge somente quando o capital ingressa entre o homem e a sua diversão, e a busca de prazer, enquanto mola propulsora, intervém a favor do seu interesse de valorização. Onde quer que se trate de avivar um desejo ou um medo entre os polos de ganho monetário, sexualidade e segurança, surgem objeções. Neste caso entra em ação o seguinte mecanismo: um segmento passível de "ser satisfeito" e sobretudo de ser agradado com mercadorias é retirado de um complexo de necessidades. Desenvolvem-se então mercadorias cuja manifestação e linguagem simbólica encaixam-se no recorte de necessidade escolhido, como a chave na fechadura. Em seguida opõem-se ao comprador-alvo coisas nas quais partes de sua natureza insatisfeita parecem encontrar expressão e satisfação. Reagindo "instintivamente" a essas coisas, as pessoas tornam-se as suas compradoras. Caso não possam fazer outra coisa a não ser servirem-se automaticamente, então é porque a promessa, bem como a aparência de uma vida superior à sua – com a qual os agentes do capital apresentaram as coisas – são roubadas daqueles que agora se tornaram os seus compradores. Em troca de uma utilização aparente de sua própria vida, eles entregam o seu tempo e a sua vitalidade gastos no trabalho. Recortes adequados do negativo revelado recebem nas mercadorias e na sua apresentação uma configuração superpositiva. A estrutura de necessidades usada foi

CRÍTICA DA ESTÉTICA DA MERCADORIA 133

então remodelada. A transformação permanente do sistema de necessidades corresponde à inovação estética permanente no mundo das mercadorias. A direção dessa transformação não está constituída de maneira inequívoca, aó contrário, ela corrobora indubitavelmente em primeiro lugar disposições irracionais que se encontram no polo oposto da consciência de classe articulada.

É diferente perguntar a respeito de uma coisa: "para que serve isto?" ou "isto é vendável?" A primeira pergunta corresponde à natureza da perspectiva do valor de uso; somente no socialismo ela se torna socialmente a questão decisiva. A segunda pergunta corresponde à natureza da perspectiva do valor de troca; a tendência que impulsiona os fenômenos da estética da mercadoria, fazendo-os ultrapassarem continuamente a si mesmos, de que trata fundamentalmente a produção privada de mercadorias e que só pode ser neutralizada por ela. Enquanto a vendabilidade regular a produção com o lucro, desenvolver-se-á tanto objetiva quanto subjetivamente apenas o comprável. Do ponto de vista de todos os valores ideais, com os quais a burguesia surgiu historicamente, sendo portanto criticada de maneira absolutamente imanente, a sociedade capitalista moderna não deve esperar quaisquer outros progressos além daqueles que levam à corrupção da humanidade.

Se tentarmos esboçar tendências desenvolvimentistas da estética da mercadoria no capitalismo avançado, poderemos prognosticar no mínimo dois aspectos com alguma certeza: considerando a sua quantidade e o seu significado inoportuno, os fenômenos aqui tratados agravar-se-ão; considerando sua qualidade, eles farão com que a estrutura de valor de uso das mercadorias continue se deslocando em direção a uma relevância de seu relacionamento com necessidades de natureza fantástica. Cada vez mais mercadorias modificar-se-ão numa direção em cujo extremo se encontra a pura "coisa significante". Essa expressão tendencial, "coisa significante", sugere que o grau de realidade e a maneira de ser do corpo da mercadoria, enquanto valor de uso, desloca-se, distanciando-se do "objeto exterior simplesmente aparente, que satisfaz determinadas necessidades humanas por meio de suas características físicas",[81] em direção à acentuação crescente do significante e do aspecto alusivo da mercadoria. Do valor de uso imediato, ligado à matéria, a importância continuará se deslocando para os pensamentos, sensações e associações vinculadas à mercadoria ou das quais supõe-se que outros as vincularão com a mercadoria. Se a embalagem e a encenação publicitária das mercadorias envolvem-nas com uma auréola associativa, do mesmo modo moldam-se as auréolas associativas das mercadorias e da relação da necessidade com o seu valor de uso. Assim, torna-se cada vez mais importante o que se refere e ultrapassa a si mesmo em uma mercadoria, à medida que se vincula positiva ou negativamente com outras mercadorias, construindo o seu "significado" e o seu "sentido" realmente de uma "outra" coisa. Se o estímulo específico de uma mercadoria consiste, por exemplo, no fato de ela ser nova, então a negação do velho está inserida em sua qualidade, e outra coisa está salvaguardada em sua qualidade. Portanto, ela não é simplesmente afirmação, mas também negação, dependendo do significado da novidade. Enquanto a sua configuração dever-se ao cálculo da inovação estética, o "deixar o velho passar" fará parte de suas características qualitativas essenciais.

Dizer que a estética da mercadoria padroniza sobremaneira a sensualidade humana significa apenas lançar uma luz de parte da sedução sobre o modo como as pessoas são levadas a assumir comportamentos conformes ao sistema na sociedade capitalista. Elas vivenciam a sua existência na sociedade, enquanto situação natural apolítica. Para sua sorte, elas não são obrigadas a isso; cada uma pode se tornar bem-aventurada a seu modo. Elas se distanciam por si mesmas da necessidade material e se voltam para aquilo que satisfaz suas necessidades imediatas e que, além disso, seduz. O aspecto social reside na manifestação polarizada concreta de necessidade e satisfação; ele se desvanece, porém, para o indivíduo, à medida que suas necessidades estejam livremente atreladas a esse sistema repleto de despotismo oculto, e ele se veja como causa ativa de seu comportamento. Ao desviar-se de suas necessidades materiais, ele pensa estar sustentando somente a si próprio e não a sociedade. Almejando à satisfação e sucumbindo à sedução, ele pensa estar cedendo às suas mais elevadas necessidades e desejos, e deixando de participar do metabolismo social com a natureza. O que atrai os indivíduos na estética das mercadorias reside em sua sensualidade e é considerado agora como impulso primitivo, individual e espontâneo. Enquanto esses processos, nos quais se padroniza a sua sensualidade, ocorrerem à sua revelia, eles parecerão naturais e caracterizarão a história enquanto história natural, enquanto pré-história anacrônica ainda presente na sociedade humana.

Se falarmos da natureza e de seu caráter histórico presente nos processos de desenvolvimento aqui esboçados da sensualidade humana e

CRÍTICA DA ESTÉTICA DA MERCADORIA 135

do mundo das mercadorias, poderemos também examinar por um momento a referência neles aludida a processos biológicos. As forças motrizes são direcionadas aqui de tal modo que de seu impulso resulta um processo de desenvolvimento cegamente mecânico. A comparação das apresentações atrativamente coloridas do mundo das mercadorias com a florescência do mundo vegetal[82] surge porque a base de ambas as manifestações parece ser um quiproquó. No caso das plantas há a ligação da cor e da forma da florescência com o aroma e o néctar que atrai o inseto; no momento em que ele busca o néctar, surge mecânica e concomitantemente o efeito, funcional para a planta, da polinização. Para a planta, o fenômeno é essencialmente a polinização, para o inseto, é a alimentação. A força de atração da apresentação da florescência possibilita a reprodução da planta. A atração ocorre através da "aparência bela", através da forma, da cor e do aroma. Contudo, o sistema, enquanto algo geral, não funcionaria sem o prêmio contendo o néctar. (Até aqui, a comparação é, de um lado, demasiado harmoniosa enquanto, de outro, ela não representa nenhuma dinâmica da natureza). A harmonia desaparece logo que fazemos uso de uma forma erigida sobre a validade geral do sistema da polinização, transmitida aos insetos através de prêmios, e que a pressupõe. Estas são as plantas carnívoras. Elas imitam a atração sensual da florescência contendo néctar e iniciam funcionalmente a imitação, como aparência bela que nos engana terrivelmente. Quem conceber esse acontecimento – comum nas criações literárias – como "natureza" estará designando enfim com este conceito a potência e a força formal fascinante, o aspecto selvagem da natureza e a "beleza" fascinante, prolífica e paralisante na qual o processo geral de comer e ser comido encontra expressão e armas. Um aspecto é a luta tendencionalmente universal de todos contra todos pela existência: pela alimentação, pelo espaço físico e pela própria existência corporal, vistos como "meios de viver". Enquanto todos lutarem entre si, nada menos que todos os seres vivos estarão participando do desenvolvimento de novos "meios de sobreviver". Enquanto a ameaça da morte individual ou até mesmo da extinção da espécie estiver por trás da formação desses meios, a força vital total da "natureza" impulsionará esse desenvolvimento. Enquanto os seres vivos atuarem uns sobre os outros e contra os outros, o resultado será um sistema ecológico do qual resultarão limiares de sobrevivência, padrões que virão de encontro aos indivíduos de maneira acabada e concludente. Pelo modo desse resultado, a força da "natureza" atua sobre os indivíduos de maneira tão terrível quanto mecânica e cega. A atração estética é, nesse "sistema orgânico da natureza", um nível entre outros.

No nível da estética da mercadoria, o desenvolvimento do capitalismo apresenta-se como história natural, à medida que a devoração mútua universal dos capitais individuais, em sua ânsia para se apropriar da mais-valia, produz um mundo de superfícies coloridas e de formas múltiplas com a função de atrair os compradores e seu dinheiro. Agora, o instinto de acumulação e a fome insaciável de valores desse "monstro de muitas cabeças", cujas bocas esforçam-se tanto quanto possível para tragar umas às outras, espremem-se atrás do mundo sensual e de seu sistema correspondente de sensualidade subjetiva. Para atrair os compradores, na condição de proprietários temporários junto aos quais a riqueza abstrata se dissipa, um capital individual supera o outro, ao oferecer uma aparência mais amável, atuando como casamenteiro entre os compradores, as suas necessidades e prazeres e a riqueza material. Nenhum material se submete à arbitrariedade subjetiva – enquanto esta dispuser de dinheiro – mais plasticamente que o capital. Nenhuma pessoa possui tanta fantasia quanto o capital que espreita e seleciona a massa de compradores, tornando-se materialização adaptada ao mercado dos momentos de fantasia escolhidos. Se a reação for bem-sucedida, isto é, se a mercadoria for bem recebida e der lucro, a sensualidade subjetiva modifica-se então, com o mundo das mercadorias; esse desenvolvimento ocorre junto com a violência de natureza social. Essa violência e essa naturalidade expressam o caráter fetichista da mercadoria e do capital. Se a mercadoria for, segundo a espirituosa formulação de Marx, "uma coisa sensualmente suprassensual",[83] na qual o sensual refere-se ao valor de uso e o suprassensual ao caráter social não concebível concretamente – a determinação formal econômica –, o suprassensual, então, estará na mercadoria, cujo poder molda e remolda a sensualidade dela e também a das pessoas. No mercado de bens de consumo, todos os meios materiais para os capitais individuais e seus agentes estão ordenados de tal modo que eles só conseguem se aproximar da riqueza abstrata através do emprego de recursos da estética da mercadoria. Um esforço de muitas cabeças, em função da descentralização, desencadeia continuamente forças produtivas imensas. Desse modo, o espécime sensual desenvolveu-se, com o uso desses esforços, de maneira passivamente natural. Na verdade, cada passo desse desenvolvimento vincula-se à expectativa de uma satisfação, mas o desenvolvimento o arrebatará sem que ele saiba como isso foi possível.

CRÍTICA DA ESTÉTICA DA MERCADORIA 137

Notas

1 Werner Sombart, O capitalismo moderno, v.2-1, p.464.

2 Bernard Mandeville, A fábula das abelhas. Trad. por Otto Bobertag, Dorothea Bassenge e Friedrich Bassenge. Berlim, 1957, p.313-7. (Na edição de Frankfurt, 1968: p.380ss.) H. O. Riethus chamou-me a atenção para essa cena.

3 Peter Jensen, O cliente desconfiado. Como reconhecê-lo e como lidar com ele, in: Norbert Müller (Ed.) Informações sobre o serviço externo, curso de treinamento programado e escrito para vendedores, Munique, n.48.

4 Wolfgang Menge, O comprador vendido. A manipulação da sociedade de consumo, Viena, Munique, Zurique, 1971, p.334.

5 Citado de acordo com Menge, op. cit., p.334, 336. Menge consegue representar bem o sistema do diálogo no ato da venda em seu livro, por causa do material utilizado, que leva a uma análise formal, pois nada fala uma linguagem mais clara do que as instruções técnicas para confundir sistematicamente a linguagem e a consciência. De resto, o livro de Menge não teoriza e, como indica o subtítulo ideológico que utiliza o conceito "sociedade de consumo", sucumbe com isso de forma atônita ao sistema; ele protesta contra as formas inevitáveis de manifestação do sistema, talvez apenas por protestar. O livro foi, por isso, incorporado à lista de livros oferecidos como brinde pela assinatura do Deutsche Nacional – und Soldatenzeitung.

6 Ibidem, p.334.

7 Os anúncios nos quais a Werbegemeinschaft Bistumspresse (Sociedade Publicitária da Imprensa Bispal) oferece-se como anunciante têm a vantagem de falar uma linguagem extraordinariamente clara. Eles têm essa vantagem sobre as próprias edições da Bistumspresse (Imprensa Bispal). "Os leitores das edições do bispado são principalmente católicos. Isso é certo. Mas o que mais eles são?". Abaixo desse título bem chamativo vem a resposta: "Por exemplo, fiéis consumidores; mães de família que consomem com alegria; pais de família que desejam consumir; teens e twens que consomem extasiados..." A Imprensa Bispal oferece esse êxtase, ligado a um outro para vender, e apresenta aos grandes trustes o seguinte cálculo: "De acordo com uma pesquisa, 82% de todos os leitores do Bispado confiam mais na sua Folha Bispal do que nos jornais diários! As edições do Bispado são um bom campo para propagandas que exigem confiança! (werben verkaufen, n.28, 1969.) Um anúncio mais antigo da Imprensa Bispal esclarece esse êxtase de confiança, que aqui é oferecido para a venda: "Todos confiam na Folha Bispal; alta intensidade de leitura; credibilidade ilimitada. A propaganda ganha com isso. Sim, para uma mensagem publicitária honesta não há campo melhor..." (werben verkaufen, n.18, 1968). Os evangélicos são generosos na venda do êxtase. Nenhuma queixa judicial poderia evidenciar mais as relações do que a sua propaganda da propaganda. "O círculo de argumentos se fecha: seu anúncio está entre palavras bíblicas, entre reflexões. Sem vacilar, o leitor transfere a sua confiança de um para o outro!" Assim anuncia a "Folha de Domingo evangélica mais lida na região do Reno", Der Weg (em ZV +

ZV, n.16, 1968). Os anúncios análogos das revistas *Bravo, Neue Welt, Eltern*, entre outras, elogiam o efeito específico estimulador de sua parte redacional para o público leitor. Por mais diferentes que as orientações temáticas das mídias particulares possam ser, na propaganda da propaganda elas se direcionam juntas ao denominador comum do lucro. Um filme de Christian Gellner me chamou a atenção para os exemplos *werben verkaufen* e ZV + ZV; ele foi produzido como exame final da turma de grafismo informativo da antiga Academia de Artes Gráficas, Impressão e Propaganda (Berlim Ocidental).

8 A formação retórica para o diálogo no ato da venda cunha de tal maneira a cultura popular dos nossos comerciantes que os membros desses grupos são facilmente identificados pelos membros desses grupos de outras sociedades.

9 A retórica se torna propriedade da divisão de trabalho, em virtude da subordinação da produção e da venda ao capital; ela tem no diálogo no ato da venda a sua posição social; vender torna-se uma profissão especial e a capacidade de vender torna-se a sua característica especial. Com a ampliação da reprodução das relações de classe do trabalho assalariado e do capital, ocorre que cada vez mais poucos têm o que dizer. Ordem e informação, que agora aparecem em primeiro plano, não fazem conversa alguma. O comprador particular, que se movimenta entre os bastidores da estética da mercadoria no supermercado, não comercializa mais, mas compra ou não compra, e cala-se impressionado: a água, que lhe vem à boca quando estimulado, ele engole com desconfiança, e se remoe interiormente. Ocasionalmente justifica-se que as habilidades narrativas e retóricas desaparecem da sociedade com o surgimento do rádio, cinema e televisão. Mas basta conhecer um vendedor de tapetes, ou mesmo um vendedor ambulante, cuja eloquência cada vez mais extraordinariamente se destaca do padrão geral, para ver que a simples justificativa psicológica é muito superficial. A arte de falar é importante para o trabalho político. Quando as massas se movimentam politicamente, ocorre uma modificação massiva da eloquência (com sua função objetivamente social). A eloquência irá se atrofiar ou se desenvolver de outra forma.

10 Bertolt Brecht, *O Romance Tui*, v.12, da edição da Suhrkamp, p.694.

11 Ibidem, p.678.

12 Siegfried Kracauer, *Escritos*, v.1, Frankfurt, 1971, p.222-4.

13 Devemos, ao mesmo tempo, atentar para um outro círculo funcional, que se relaciona apenas indiretamente com a personificação da função de venda: a vinculação da inovação estética dos escritórios rumo a uma paisagem administrativa aberta, com a inovação, no tocante à moda, da aparência dos seus funcionários. O seguinte trecho de uma reportagem no *Blick durch die Wirtschaft* (6.11.1971, p.1) mostra que os agentes do capital percebem atentos e satisfeitos esse encadeamento, ou desejam-no conscientemente: "Dr. Schmithals, membro da direção de Hoesch Werke Hohenlimburg schwerte A. G., por ocasião de um simpósio para a imprensa, chamou de efeito colateral especialmente agradável da nova paisagem administrativa em espaços amplos o esforço das funcionárias de se vestirem bem e mais de acordo com a moda, já que agora elas não ficavam mais sentadas em uma pequena salinha, mas à vista de todos no escritório espaçoso. Após trabalharem dois dias no novo escritório

CRÍTICA DA ESTÉTICA DA MERCADORIA

espaçoso, todas as funcionárias apareceram repentinamente com guarda-roupa novo e mais de acordo com a moda. Isso não impede que ainda existam 'os mal-humorados de escritórios espaçosos', que passam o tempo todo com o seu cachecol, embora a mudança para móveis de metal com cores alegres, folhagens, biombos, áreas para conversa e locais para descanso com um pequeno bar dê a impressão de paisagem administrativa mais 'alegre'".

14 Bertolt Brecht, O processo dos três vinténs, em Escritos sobre literatura e arte, v.I, Frankfurt, 1967, p.175.

15 Ibidem, p.174.

16 Retirei essas informações do jornal Frankfurter Rundschau de 6.12.1969.

17 No final dos anos 20, quando a técnica de iluminação do ponto de venda deu um grande salto, Kracauer mencionava, em seu estudo sobre os funcionários, "a influência benéfica – no sentido do capital – causada pela quantidade de luz não só sobre o desejo de comprar, como também sobre os funcionários ... a luz cega mais do que ilumina ... cuidando assim da aparência" (op. cit., p.284).

18 Frankfurter Rundschau, 26.2.1970. De acordo com a mesma fonte, a área de venda do comércio alemão ocidental cresceu de 23 milhões de m^2 para 32 milhões de m^2. Os investimentos em espaços de venda somam anualmente, segundo esses dados, cerca de 4 bilhões de marcos (1970). De acordo com os novos dados, foram investidos no comércio cerca de 3,6 bilhões de marcos, 5% a menos do que em 1969. De acordo com um levantamento, serão investidos 10% a mais no ano de 1971. "O crescimento dos investimentos se deve essencialmente aos grandes empresários do comércio varejista, que aplicam mais de 10 milhões de marcos anualmente" (Frankfurter Allgemeine Zeitung, 13.8.1971).

19 Der Tagesspiegel, 24.2.1970.

20 Citado no jornal Der Tagesspiegel, 24.2.1970.

21 Frankfurter Allgemeine Zeitung, 4.8.1971; A loja de departamentos como palco de vivências. Comentários sobre o caso Globus, de J. Jürgen Jeske. As outras citações e informações sobre o Globus também são daqui.

22 A inovação estética ampla da loja de departamentos, em função do sucesso das butiques, diminuiu no mesmo ano de 1967, quando a confecção de roupas masculinas, pressionada pela queda de faturamento e com um olho nas butiques emergentes, que vendiam mercadorias estrangeiras, deu um impulso à inovação estética, tal como mencionei no parágrafo "Segundo efeito da monopolização: inovação estética".

23 Alusão ao provérbio: "Ao derradeiro morde o cão". (N.T.)

24 Frankfurter Allgemeine Zeitung, 2.9.1971, p.15. Lá encontra-se também o discurso do precursor lendário no mundo da mercadoria, na loja Wertheim da praça Leipzig, inaugurada em 1927. "Sua área supera a do Parlamento Alemão em mais de duas vezes ... A construção feita pelo professor Messel era bem ornamentada com esculturas e relevos de bronze de escultores famosos. No interior havia admiráveis incrustações de mármore e trabalhos prateados de terracota. A seção de tapetes era assoalhada com madeira de castanheira italiana. Nos inumeráveis pátios internos, ouviam-se chafarizes, trabalhos com calcário da região adriática".

25 Ibidem.

140 WOLFGANG FRITZ HAUG

26 *Frankfurter Allgemeine Zeitung*, 20.8.1971, p.15.

27 Ibidem.

28 Citado no jornal *Der Tagesspiegel*, 24.2.1970.

29 Para a nova encenação do ponto de venda e da concretização da venda, o novo nome Amusement-store (loc. cit.) já está à disposição, pois as inovações dos nomes são parte comum dos esforços, para impor uma inovação – e consequentemente a desvalorização de uma parte do capital investido pelo comerciante.

30 Ibidem.

31 Kaufthaus des Westens (KaDeWe) – anúncio no jornal *Tagesspiegel*, 17.10.1971.

32 Cit. segundo Heidrun Abromeit, A *política na propaganda. Propaganda eleitoral e econômica na Alemanha Ocidental*. Mannheim, 1970. Dissertação não publicada, p.341. Brecht dá um exemplo complementar no *Romance dos três vinténs*: Peachum vende aos mendigos a embalagem na qual eles "vendem" a sua miséria. Ele vende a aparência que fala ao coração dos homens.

33 *Twen* n.12, 1969, p.16ss.; cit. segundo Doris e Thomas von Freyberg, *Crítica da educação sexual*, Frankfurt, 1971, p.124.

34 Marlies Nehrstede, Sobretudo as revistas determinam o gosto e a moda das consumidoras normais, *Frankfurter Rundschau*, 13.9.1971.

35 Ibidem, "Weiss", aparece em seguida, "não está satisfeito com esta tendência" – que leva à prostituição fazendo que a roupa da moda sirva de embalagem para a mercadoria corpo. "Ela faz que suas clientes, o mais tardar dentro de seis semanas, desejem renovar o seu guarda-roupa dos pés à cabeça. Isto eleva o faturamento."

36 Segundo o *Frankfurter Allgemeine Zeitung* de 30.7.1971.

37 O balanço desse sucesso feito por um instituto de pesquisa de mercado a pedido do truste tem a seguinte configuração: a pesquisa junto a noivas e recém-casadas mostrou que 29% possuem um diamante de noivado; 12% uma trissete (uma aliança com diamante), e que, além disso, 6% esperavam ganhar no casamento "de qualquer maneira" uma trissete e 21% "contavam" com uma trissete (ibidem).

38 Os diamantes são realmente um bom investimento?, em: *Blick durch die Wirtschaft*, 20-9-1971, p.1.

39 Por ocasião dos preparativos do 6º Congresso Alemão sobre Pedras Preciosas relatou-se o aumento do faturamento dos joalheiros da Alemanha Ocidental nos primeiros nove meses de 1971 em 15%. As informações seguintes confirmam a tendência aproveitada por De Beers: "A causa maior desse crescimento está nos pequenos brilhantes de 0,10 a 0,30 quilates". E: "Percebe-se na estrutura dos compradores uma forte mudança. Em função das tendências inflacionárias mundiais, os joalheiros lucram cada vez mais da combinação adorno/investimento" (*Tagesspiegel*, 21.9.1971). Nesse caso, muitos terão de se consolar, na realidade, com *slogans* publicitários.

40 Os diamantes são realmente um bom investimento?, ibidem.

41 Dorothee Backhaus, "O Rosto da madame fica colorido. A naturalidade não interessa mais...", *Frankfurter Rundschau*, 31.7.1971.

42 *Der Spiegel*, n.10, 1968, p.78ss. De 1960 a 1967, o faturamento aumentou mais que o dobro.

CRÍTICA DA ESTÉTICA DA MERCADORIA 141

43 Segundo *Frankfurter Rundschau* de 12.12.1968, o valor de produção na indústria de cosméticos aumentou em 16% no primeiro semestre de 1968 comparado ao mesmo período de 1967. Se considerarmos os números relativos ao imposto sobre as vendas de 1967, o aumento passa para 22%. Enquanto margem de lucro, a Holiday Magic Kosmetik (Alemanha) Ltda., por exemplo, que exclusivamente importa as suas mercadorias, indica 65% do preço final de venda – isto corresponde simplesmente a 200% do preço de compra da importadora. Os custos de produção não foram considerados (Cf. *Frankfurter Rundschau*, 15.9.1971). As drogarias lucram com o crescimento desse setor. Em 1970, o faturamento delas cresceu em 7%. Esse faturamento maior foi obtido por um número 0,8% menor de drogarias. Segundo Heinrich Gewand, político do CDU e presidente da Associação Alemã de Drogarias, a diminuição do número de drogarias – comparada com a diminuição do número de lojas comerciais, que em 1970 ficou entre 2,5 e 3,0%, "foi extraordinariamente pequena nos últimos anos" (*Frankfurter Rundschau*, 18.9.1971).

44 O faturamento do comércio varejista com as loções para cabelo alcançou, em 1967, 830 milhões de marcos (*Der Spiegel*, n.10, 1968). No primeiro semestre de 1968, o "valor de produção" relativo às loções para cabelo chegou a 250 milhões de marcos (14% mais que o primeiro semestre de 1967) (*Frankfurter Rundschau*, 12.12.1968).

45 "Produtos novos", anunciou um membro da direção da Pond's recentemente em Munique, "devem assegurar a continuidade da expansão" (*FAZ*, 14.8.1971). No primeiro semestre de 1968, no tocante aos produtos para cabelo, foi o grupo de "*sprays*, condicionador, gel e creme" que demonstrou um crescimento acima da média (cerca de 20% em comparação com os 14% de todo o conjunto de produtos para cabelo) (*Frankfurter Rundschau*, 12.12.1968). O grupo com maior crescimento é caracterizado pelos produtos em parte tecnicamente novos (*sprays*) e em parte novos enquanto artigos de massa.

46 Segundo a *Der Spiegel*, n.10, 1968.

47 *Frankfurter Allgemeine Zeitung*, 13.8.1971.

48 Ibidem, 14.8.1971: "Viva feliz com cosméticos".

49 Segundo a *Der Spiegel*, n.10, 1968. Em 1967, a venda de perfumes masculinos atingiu 80 milhões de marcos.

50 Ernest Dichter, cit. segundo *Der Spiegel*, loc. cit. – são também daqui as outras citações.

51 *Frankfurter Allgemeine Zeitung*, 13.8.1971. Em 1970, os cosméticos masculinos representam ainda apenas 10% do faturamento europeu da Rubinstein (a parte do leão dos cosméticos femininos no faturamento europeu do truste compõe o *treatment*, simplesmente com 50%, e a maquiagem com 35%).

52 A Sütex possui 850 empresas-membros com um total de 1,1 bilhões de marcos de faturamento no comércio varejista. Entre os membros, 100 a 150 são, até certo ponto, lojas masculinas especializadas. Cf. o *Frankfurter Allgemeine Zeitung*, 18.8.1971.

53 A Atomic Modevertrieb Ltda. de Düsseldorf é uma subsidiária da Tailordress S. A. de Chur. Ela é considerada no setor como o "segundo canal de vendas" do grupo Ahlers, um dos maiores produtores de roupas da Alemanha Ocidental com 5 mil

a 6 mil empregados. A família Ahlers possui 25% das ações da Tailordress. Cf. *FAZ* de 18.8, 19.8 e 6.9.1971.

54 *FAZ*, 18.8.71. Até a assinatura do acordo de cooperação, a rede abrangia 65 centros e depósitos junto a varejistas "autônomos". A fim de conquistar os varejistas, a empresa ofereceu-lhes as instalações numa cooperação através do "financiamento do arrendamento" ou do contrato de *leasing*. Além disso, os varejistas receberiam também os serviços de decoração e publicidade, bem como o treinamento dos vendedores e dos gerentes (cf. *FAZ*, 6.9.1971). ·

55 Retirei essas citações de um anúncio do truste Karlstadt no *Tagesspiegel*, 9.12.1969, que pode servir também para a propagação da inovação dos pulôveres.

56 Pois "um eunuco não adula torpemente o seu déspota e não procura irritar a capacidade de prazer dele, por meios mais infames a fim de obter algum favor para si, como a indústria eunuco ... a fim de ... atrair para fora do bolso do vizinho cristãmente amado os pássaros de ouro" (Karl Marx, *Manuscritos econômico-filosóficos*, *Obras completas*, v.I, p.547).

57 O anúncio do pulôver divulgou também duas outras mercadorias: botas "no estilo revolucionário" e "*arden for men*". O fetiche da juventude e a violência estetizada mesclam-se formando uma nova imagem.

58 Anúncio da Karlstadt, entre outros, no *Tagesspiegel*, 24.9.71.

59 *Der Spiegel*, 14.9.1970.

60 Os anúncios de artigos de marca no setor de cuecas não são apenas do tipo "men fit" com a forma do pênis apresentada como estojo, mas empurram, por trás e pelo lado, o homem nu para o campo de visão. Desde o início de 1967 na França, a Sélimaille ("ceinture noire") fez anúncios com fotos de nus de Frank Protopapa, famoso como o primeiro modelo masculino a se apresentar nu no mundo das mercadorias. O nu masculino foi introduzido quando o feminino começou a saltar aos olhos em todas as capas. "Enquanto '*stopper*'", ou seja, como chamariz, "o peito goza incontestavelmente de uma posição superior", comentou o assessor publicitário de Munique, Jörg Nimmergut. Mas: o "estímulo libidinoso," dos anúncios com corpos nus ameaçou desaparecer entre as fotos de nus nos textos das revistas. "A resposta das estratégias publicitárias: o homem nu..., e senhores meio nus estimulam a compra de isqueiros ('ronson') e perfumes ('prestige'). Na França, um modelo posou completamente nu – uma foto feita, porém, com uma granulação maior e a uma certa distância – para a linha de perfumes masculinos de Pierre Cardin." (Cf. *Der Spiegel*, n.24, 1967, p.118). As fotos de Protopapa nu foram tiradas de perto e reproduzidas com granulação fina. A sua nudez evidenciou a ânsia de lucro de um capital numa determinada situação de concorrência. Contudo, a nudez masculina emergiu ingressando assim – ainda que primeiramente apenas por trás – nos textos das revistas, no teatro e nos filmes. Uma das diferenças sociossexuais fundamentais do papel do homem e da mulher, bastante marcada na sociedade burguesa – a fixação da mulher como objeto sexual e do homem como sujeito sexual – começa a se desvanecer, embora apenas na esfera dos sintomas.

61 No vácuo desse desenvolvimento, o acessório desloca-se para o *front* da esfera pública: "Em 1970 foi feita pela primeira vez uma campanha publicitária endereçada

CRÍTICA DA ESTÉTICA DA MERCADORIA 143

ao consumidor final, para os preservativos da marca London, nas revistas *Eltern*, *Jasmin, M, Spiegel* e *Bravo*, mesmo com a oposição da mídia e do público". A superação da oposição, que custou à firma uma soma considerável, pagou-se em somas também consideráveis. "Com um 'aumento de faturamento de mais de 18% e um aumento do lucro comparativamente bem maior', o ano fiscal de 1970-1971 (31.3) foi 'de longe o melhor' ano das firmas Ltda." (*Blick durch die Wirtschaft*, 21.10.1971.)

62 Cf. *Der Spiegel*, n.22, 1971, p.190.

63 Cf. o capítulo sobre Esteticismo e estética da mercadoria, em W. F. Haug, Estética da mercadoria e medo, *Das Argument*, n.28, ano 6, p.15, 1964 [1970].

64 Cf. *Obras completas*, Apêndice, v.1, p.550.

65 A Kinney Music Ltda., de Hamburgo, uma das inúmeras subsidiárias nacionais da *holding* americana Kinney National Service. "O negócio básico do truste é formado por uma organização suprarregional para a limpeza de edifícios, uma rede bastante ramificada de estacionamentos e uma cadeia de empresas funerárias. Acresce-se também um engajamento no mercado de revistas, através da firma Periodical Publications. No âmbito desses interesses há também uma revista e a administração do *copyright* de personagens de gibis, tais como o Super-Homem e o Batmam. Em 1968 foi dado o maior passo no mercado de entretenimento com a aquisição da Warner Bros. Esse grupo já tinha complementado a empresa de filmes com produções e estúdios, através de um setor de discos, do qual fazia parte a Editora Musical Warner Bros. Music. Ela controla, por exemplo, o *copyright* de Gershwin. As empresas de discos do grupo Warner operam independentemente com o selo Reprise Records (anteriormente de propriedade de Frank Sinatra), Atlantic e Elektra (*FAZ*, 21.8.1971).

66 Trata-se do disco *Stikky Fingers*, dos Rolling Stones. Cf. Der Spiegel, n.22, 1971, p.154.

67 Siegfried Kracauer, *Os funcionários*, op. cit., p.247 ss.

68 Ibidem, p.246.

69 Ibidem, p.248. Cf. o parágrafo 4º da parte IV, *Práxis coletiva e indústria da ilusão no capitalismo*.

70 Numa pesquisa publicada pelo Instituto Contest num relatório preliminar acerca do Encontro Internacional da Moda em Colônia (cf. *Blick durch die Wirtschaft*, 16.10.1971) 54% dos homens acima de 30 anos afirmaram "que em suas famílias discute-se com frequência o tema 'moda' junto com os adolescentes. E que um em cada quatro gostaria muito de ouvir a opinião dos mais jovens a este respeito ... 27% dos homens acima de 30 anos possuem roupas que foram compradas em companhia de adolescente e recomendadas por eles. Várias vezes também adquiriram tais roupas exatamente porque viram algum adolescente vestindo algo parecido, que os agradou" (ibidem). Do mesmo modo, a parte das chamadas roupas para o lazer para homens e rapazes continua aumentando no tocante ao faturamento total; para alguns "produtores do setor, importantes no mercado", ela já atinge em torno de 60% (ibidem).

71 Mesmo os grandes esforços da Agfa para chegar ao "dinheiro das calças jeans", ou seja, desenvolver para os adolescentes uma bolsa com máquina fotográfica e acessórios a fim de conquistar a tempo o mercado futuro, parecem ter apenas fortalecido

144 WOLFGANG FRITZ HAUG

a tendência para a fetichização da juventude. A princípio revestiu-se as máquinas fotográficas com o tecido jeans, a fim de fazê-las ir ao encontro do dinheiro nas calças jeans, pelo menos na aparência. Mas não deu certo porque ao ato de fotografar vinculam-se ideias de aparato técnico. Criaram, então, "a bolsa mais quente da Europa", apropriada para adolescentes, "*jeans* com alças". Como os adolescentes associam à ideia de velhice expressões tais como "fotografar", elas foram substituídas na propaganda por expressões tais como "fazer fotos". Durante a campanha de vendas, os vendedores tiveram de usar *jeans* nas lojas de material fotográfico. Depois das dificuldades iniciais venderam a mercadoria... mas para adultos. (cf. Menge, op. cit., p.242ss.).

72 Suplemento, entre outros, do *Tagesspiegel*, 30.12.1970.

73 Suplemento do *Tagesspiegel* de 3.1.1971. Alguns meses depois, o mesmo jornal anexou um prospecto da Musterring vinculando claramente a inovação estética à atuação e à mobilização geral na esfera sóciossexual. "Mobilidade significa jogar" – "Mobilidade significa variar, combinar, experimentar" – "Intervir na moradia é tudo" – "Hoje assim, amanhã assim e depois de amanhã outra coisa, por exemplo, assim:..." Cada "ser assim" existe bem mais como exemplo e um número qualquer de uma série infinita de outros números. O capital cria assim na indeterminação constantemente transformada do sensual uma alegoria de seu próprio movimento.

74 Cf. *Blick durch die Witschaft*, 7.9.1971, p.5: "Grandes esperanças em relação ao dormitório. O tapete na Alemanha Ocidental ainda tem grandes chances de crescimento/ Um relatório setorial". O "consumo per capita por quilômetro quadrado" na Alemanha Ocidental é o terceiro da Europa. Sobretudo "o dormitório terá uma recuperação rápida. A pele de animais é símbolo das qualidades recentemente desenvolvidas. Por isso, a indústria deste ramo desenvolveu grossos tapetes de madeira, mas também pelúcia felpuda, veludo cotelê".

75 Muitos leitores objetarão: melhor uma paisagem sexual assim que aquele antigo quarto alemão com móveis guarnecidos de plástico imitando carvalho talhado e com os quais se "representava" – uma arquitetura reacionária para pessoas autoritárias. A análise não se opõe à sexualidade, mas – para o seu bem – àquilo que faz do capital um proxeneta. Trata-se de analisar a padronização da sensualidade humana produzida em determinada direção, mediante aqueles mecanismos do processo de valorização capitalista enquanto – digamos assim – o seu subproduto.

76 Peter vom Riedt, Um cão com olhos tristes e orelhas caídas, *Frankfurter Allgemeine Zeitung*, 14.8.1971, p.17. Daqui são também as informações restantes sobre os "Hush Puppies".

77 Ibidem.

78 Ibidem.

79 "Até um certo ponto", diz-se em relação àquele que faz os seus negócios paralelamente a esses processos de padronização resultantes, "as necessidades e desejos humanos têm de ser continuamente 'cultivados'" (Ernest Dichter, *Estratégias no império dos desejos*, Munique, 1964, p.283; op. cit., p.341).

80 B. Brecht, *Ascensão e queda da cidade de Mahagonny*, 11º cena.

81 Cf. Karl Marx, O *Capital*, v.1, *Obras completas*, v.23, p.49.

CRÍTICA DA ESTÉTICA DA MERCADORIA 145

82 Se o florescimento das flores torna-se uma função capitalista de valorização, atrás de força motriz violenta da natureza atrela-se a força motriz ainda mais violenta da ânsia de lucro e da concorrência do capital. Na realidade, o cultivo de flores desempenha um papel economicamente relevante, em um dos primeiros países capitalistas desenvolvidos numa base de produção pré-industrial, ou seja, nos Países Baixos. "Nos anos 30 do século XVII, a febre de especulação manifestou-se sobretudo no 'arroubo das tulipas'. A tulipa veio da Turquia para a Europa e logo se tornou uma das plantas mais populares nos Países Baixos. Cultivaram-se espécies novas, raras e muito procuradas. A tulipa tornou-se objeto de jogo na bolsa de valores ... O bulbo da tulipa valia como ação; com ele se especulava de todas as maneiras possíveis. No ápice da especulação, elas eram literalmente pagas a peso de ouro, até que, em 1637, este mercado foi à bancarrota" (cf. Josef Kulischer, *História geral da economia*, v.2, p.319ss.).

83 *O Capital*, v.1, *Obras completas*, 23, p.85.

QUARTA PARTE

1 A influência da estética da mercadoria sobre a classe trabalhadora

A classe trabalhadora defronta-se com o capital não somente como classe explorada na produção e criadora de todos os valores, mesmo dos valores que são a fonte de todas as formas de lucro e excedente social; a classe trabalhadora confronta-se também, como massa de compradores, com as partes do capital social total que produzem, no sentido mais amplo, os meios de sobrevivência necessários. Perante o mundo dos trabalhadores, como mundo de compradores e consumidores, o capitalista, portanto, como escreveu Marx nos *Compêndios*, "procura todos os meios para incitá-los ao consumo, dar novos estímulos às suas mercadorias e inculcar-lhes novas necessidades" – e este trecho é importante exatamente para discutir a questão da criação de novas necessidades. "Justamente", continua Marx, "este aspecto da relação entre capital e trabalho é um momento essencial da civilização, sobre o qual se baseia a legitimidade histórica e também o poder atual do capital."[1] É extremamente importante que nenhuma análise menospreze esse aspecto, sobre o qual o poder atual do capital continua a se basear, e sobretudo não o esqueça no tocante às teorias da mera manipulação absolutizada, da satisfação aparente etc. Não obstante, não se pode mais falar hoje em dia que a contínua multiplicidade ou variação da moda na produção de mercadorias conceda ao capitalismo a legitimidade histórica. Quando muito, seria preciso discutir isso ainda na questão do desenvolvimento posterior da produtividade do trabalho. Nessa área do capitalismo visam--se, tal como antes, a progressos que correspondem, no conjunto da sociedade, à possibilidade intensificada de poupar trabalho. No entanto, no capitalismo, apenas um fragmento do racionalmente possível torna-se real. O desenvolvimento do poder dirigente do capitalismo nos Estados Unidos mostra drasticamente como cada avanço na produtividade, no âmbito do capitalismo, faz aumentar ainda mais as potências destrutivas desse tipo de produção, levando à aniquilação do capital e das forças produtivas no conjunto da sociedade, sob a forma de crises e guerras; sabotam-se as possibilidades técnicas; o exército de miseráveis e desempregados cresce incessantemente, e uma parte desse exército é absorvida pelas forças armadas, sendo duplamente arrastada para a aniquilação, ao massacre de outros povos e ao próprio extermínio no campo de batalha. Na Alemanha Ocidental, o quadro parece diferente à primeira vista. Em vez de utilizar o recurso do assassinato, a luta de classe é conduzida – exceutuando-se os primeiros indícios de uma possível mudança – predominantemente através da difamação. Em vez de conduzir as próprias guerras imperialistas, o Estado fornece apenas financiamentos e material bélico para as guerras imperialistas nos outros países. O exército de desempregados praticamente desapareceu; quase não se veem os miseráveis, porque eles estão cuidadosamente escondidos em guetos. O consumo de massa parece determinar o quadro. Explica-se uma certa posição especial da Alemanha Ocidental pela concorrência imediata entre sistemas na relação com a Alemanha Oriental.[2] Justamente as vitórias aparentes do capitalismo na Alemanha Ocidental devem ser compreendidas considerando-se o medo sentido pelas classes dominantes diante do socialismo. Esse medo é parte integrante da concretização de inúmeras decisões na esfera empresarial e estatal. Os caminhos da violência aberta estão vedados ao capitalismo alemão pela mera existência da RDA. Permanece aberto apenas o caminho da satisfação corruptora. Uma das paradas desse caminho é a satisfação material. Uma outra parada é a contínua irrigação com a propaganda aparentemente apolítica de mercadorias, que se expressa na linguagem da sedução, das necessidades, dos instintos e dos medos instintivos, bem como da inveja e da comparação controladora com os concorrentes.

À agudização politicamente consciente da contradição entre trabalho assalariado e capital, por parte da classe trabalhadora – que recebe as suas determinações decisivas da relação entre trabalho assalariado e capital na esfera de produção –, opõe-se aquela segunda relação, na qual os trabalhadores se defrontam com o capital enquanto mundo de com-

CRÍTICA DA ESTÉTICA DA MERCADORIA 151

pradores e consumidores. Esse relacionamento recebe as suas determinações dessa esfera de circulação, enquanto não estiver exposto a nenhuma crise. Os princípios da esfera são derivados, inicialmente, do princípio da troca. Assim, os relacionamentos dessa esfera são determinados pela liberdade, igualdade e justiça. Liberdade significa aqui liberdade de fechar um contrato, de escolher e de selecionar; igualdade significa que formalmente todos têm a mesma liberdade, se bem que materialmente limitada pela quantidade de dinheiro à disposição; além disso, igualdade significa que não se considera aqui a pessoa, mas apenas o dinheiro; justiça, porém, significa a equivalência entre o dado e o recebido.

Contra a justiça das transações na esfera de circulação está, no entanto, aquilo que Marx analisou como *exploração secundária*. Significativamente ocorreu a Marx falar sobre isso nas observações sobre "a concessão de casas etc. para o consumo individual". "É um fato evidente", continua Marx, "que a classe trabalhadora também é ludibriada dessa forma, e gritantemente, mas isso ocorre também por meio do varejista que lhe fornece os víveres. Essa é uma exploração secundária, paralela à primitiva, que ocorre diretamente no próprio processo de produção."[3] Esse seria o único princípio economicamente fundamentado para uma teoria da "exploração através do consumo"; as teorias com esse nome, em voga atualmente na "nova esquerda", contudo, deixam de lado justamente esse princípio, ao passo que, por exemplo, campanhas sobre locação denunciam os aluguéis extorsivos, baseadas nesse princípio.

Apesar da exploração secundária, que parece atingir igualmente todos os membros da sociedade, desde que atuem como compradores, as relações estabelecidas pela classe trabalhadora com o capital, na esfera da circulação – enquanto massa de compradores –, contêm a aparência de inexistência de classes. Os agentes do capital estão cientes da enorme importância propagandística dessa aparência de inexistência de classes encobrindo o mundo das mercadorias, e introduziram em suas publicações publicitárias – aliás em todas as suas outras publicações – uma espécie de autocensura, zelando cuidadosamente, a partir da perspectiva da classe, para que nenhum capital individual revele o caráter classista das relações sociais; isso fica comprovado na reação alérgica do *Frankfurter Allgemeine Zeitung* presente num anúncio "que teve uma péssima repercussão até mesmo na área política". O anúncio – oriundo de uma firma americana de instalação de refrigeração e dirigido predominantemente aos mesmos clientes capitalistas – mostrava um esboço anatômico do corpo humano com a legenda: "O trabalhador é uma modificação do homem. A sua constituição especial (força muscular) capacita-o a participar diretamente do processo de produção". O *Frankfurter Allgemeine Zeitung* dedicou a esse anúncio uma crítica em seu caderno de economia.[4] Primeiramente, as invectivas: "foi feito de maneira tola e impensada" por pessoas "que estão fora deste mundo". Agora a gênese e a caracterização deste mundo: "Um desenvolvimento social de décadas em nosso país que coloca o homem, com suas exigências psíquicas e espirituais, no centro da economia, é simplesmente omitido como se nada houvesse acontecido em setenta anos no tocante à avaliação do trabalhador". Onde se trata da conservação da aparência da inexistência de classes ou então de harmonia entre as classes, é até mesmo uma exceção falar do "trabalhador" (em vez de "empregado"). Somente na propaganda que, para citar a ideologia, seria uma minimização, o homem se encontra no centro da economia capitalista. Mas essa propaganda é extraordinariamente eficaz "há setenta anos", graças a algumas fases, neste caso, especialmente importantes da história alemã – dentre as quais devemos citar sobretudo a do "nacional-socialismo" – bem como graças ao monopólio capitalista de classe nos meios de comunicação. Bem, a crítica implícita no anúncio – no qual devemos enaltecer a habilidade linguística do autor, pois ele deve dizer algo sem dizê-lo – deve utilizar uma linguagem camuflada: "Uma tal degradação dos trabalhadores enquanto parte dos meios de produção" – observemos a sutileza: não é errada! Isto não! Mas: "não é somente impensada; ela é simplesmente tola". Pois trata-se aqui de uma dimensão da luta de classes na qual os proprietários e seus agentes lutam com muito esforço pela consciência das classes trabalhadoras. Os americanos arranharam com o seu anúncio a aparência sistemática, construída penosamente pelos agentes do capital, da "posição do homem com suas exigências psíquicas e espirituais no centro da economia" no capitalismo, de tal modo que sob a superfície idílica o trabalhador condenado à servidão do salário ameaçava tornar-se visível. Junta-se à crítica uma ameaça velada de sanção: "Um dia, veio da América a doutrina de que era de extrema importância para o sucesso de um empreendimento a imagem que a esfera pública fazia desse empreendimento". Isso foi a alusão óbvia, "justamente em vista da crítica sempre efervescente ante o comportamento desrespeitoso de firmas americanas na região europeia – pensemos, por exemplo, no escândalo da IBM em Hannover –, deveríamos julgá-los capazes também de um cuidado especial em sua propaganda".[5]

CRÍTICA DA ESTÉTICA DA MERCADORIA

Justamente porque, para o capital, o importante é apenas o dinheiro no bolso dos clientes, a despeito da classe a que pertença, predomina na estética da mercadoria a aparência por meio da qual uma cultura de classe específica prepara-se para apoderar-se dos trabalhadores: na caricatura capitalista, de uma cultura sem classes. A estrutura nebulosa que a circunda nunca é determinada pelo céu – a não ser pelo céu das férias –, pelos direitos e ideias eternas, arte e pátria. É um único supermercado no qual se transforma – fora da esfera do trabalho – o mundo social desse capitalismo. Nesse supermercado tem seu lugar uma totalidade aparente, que ambiciona determinar não somente a estrutura e a percepção de cada mercadoria, de acordo com o sentido e a sensualidade, mas também as dos homens e de suas relações sociais. O indivíduo não somente deixa de ter um sentido que ainda resistiria contra essa obra de arte total social, mas também contesta contra essa esfera, a partir da bela aparência da classe e da consciência de classe – e assim do único ponto de vista com o qual o indivíduo consegue resistir: o sentido. A aparência, que nesse caso utiliza uma linguagem que se opõe à contradição entre trabalho assalariado e capital, não é uma mera miragem, mas tem seu lugar nos estímulos sempre renovados das mercadorias, nos fatos, nas coisas e nas relações objetivas. Na verdade, ela representa uma mera solução aparente da contradição fundamental entre trabalho assalariado e capital, mas uma solução objetiva. Para afirmar-se contra essa aparência, a consciência de classe dos trabalhadores precisa apreendê-la enquanto propaganda. Pois a propaganda capitalista de mercadorias atua, ao mesmo tempo, como propaganda da produção capitalista de mercadorias. Essa propaganda comemora os seus triunfos quando as massas assalariadas consideram-na natural – a ela e ao seu próprio destino de classe: quando a sua percepção está habituada a uma propaganda da qual ela objetivamente escarnece, de modo a perceber a ausência dela nas ruas dos países socialistas como algo desconsolador; quando ela recusa no socialismo os jargões políticos nas fábricas e até mesmo o conjunto da propaganda política no socialismo enquanto impertinência. O poder da propaganda de mercadorias não resulta apenas da manipulação, no sentido de meras fantasmagorias publicitárias e estimulação. Ele tem o seu núcleo real nos valores de uso das mercadorias e em sua acessibilidade geral. As massas não conseguiriam manter qualquer consciência de classe contra as suas próprias necessidades e sua respectiva satisfação. Sem o núcleo complicador da propaganda, as mercadorias seriam percebidas na esfera da circulação como escárnio evidente. Do mesmo modo, a fome de mercadoria que se concretiza como exigência de salário na esfera da produção, enquanto núcleo complicador no qual se forma a consciência de classe. A negação total do mundo das mercadorias e da nuvem negra estética que paira sobre os homens não é capaz de descrever tal princípio, em virtude da regularidade do contexto esboçado.

2 Comparação com o socialismo visando esclarecer o aspecto capitalista especificamente monopolista da estética da mercadoria; a atuação da estética da mercadoria no socialismo

Na RDA procura-se em vão – por exemplo, no mercado de gêneros de primeira necessidade, mais especificamente, os comestíveis – por uma concorrência, relacionada à estética da mercadoria, de rótulos ou de invólucros de cores diversas dentro da mesma espécie de valores de uso. Como no socialismo a determinação formal da produção, enquanto produção de mercadorias, é reduzida pela forma organizacional imperante de economia planificada, a um momento essencial de dependência de modo a tratar-se no conjunto, segundo a forma e o conteúdo, de uma economia de subsistência – o que significa economia de valor de uso –, a imagem passa a ser determinada pelas coisas unitárias que podem ser encontradas em qualquer loja. São coisas unitárias desde que os produtos dos trustes concorrentes não se diferenciem, ao menos na aparência, dentro de uma espécie e qualidade. As diferenças de qualidade tornam-se agora importantes, sobretudo porque a ressurreição do valor de uso explica-se com base na submissão ao valor de troca, na coisa unitária, dentro de uma qualidade e espécie de mercadoria. A concorrência socialista relaciona-se à produtividade (ou ao cumprimento do plano) e à qualidade (grupos de qualidade). No entanto, surgem então novas dificuldades para as quais devem-se desenvolver e aperfeiçoar soluções socialistas. É cada vez mais importante criar possibilidades para uma determinação das necessidades que precedem a produção, permitindo direcioná-la para as necessidades.[6] Resultam também outras questões em razão da irradiação oriunda do mundo capitalista de mercadorias – por meio da transmissão de propagandas, pela TV da Alemanha Ocidental. Tal como na classe trabalhadora no capitalismo, a estética da mercadoria atua também no socialismo enquanto propaganda. Justamente na ausência do logro, muitos se sentem enganados pelo socialismo, em consequência dessa propaganda. Uma conhecida reação ao aparecimento de mercadorias – por exemplo, no setor de conservas – pode sugerir os caminhos que a lembrança deficiente pode trilhar no seguinte caso.

Os vidros ou as latas para conservar os alimentos mostram, à primeira vista, que eles são produzidos de maneira pouco dispendiosa e de acordo com critérios utilitários; uma etiqueta traz a designação técnica do conteúdo. No capitalismo monopolista havia fenômenos comparáveis a uma época na qual a política econômica de guerra do Estado assegurava ao capital uma demanda tão imensa que a estética da mercadoria tornava-se supérflua em muitos setores, uma vez que a procura superava a oferta e as mercadorias tornavam-se, portanto, mais escassas. Do mesmo modo, a embalagem atrofiou-se, a segunda pele regrediu. Esse retrocesso – em virtude da retração da função econômica – determinou para as massas a imagem das conservas da época da guerra. Não sem a interferência de uma abrangente propaganda anticomunista, criou-se hoje para muitas pessoas um motivo para rejeitar a RDA, quando afirmam que tudo é como na época da guerra. Isso pode parecer-lhes assim justamente porque as embalagens e a apresentação na produção socialista de mercadorias não têm mais a função que as determinam no capitalismo.

A configuração estética – chamada de *design* na RFA e na linguagem de sua colônia-mãe – desponta no socialismo como todo aspecto econômico oriundo de decisões políticas. Ela não é nada que advenha de uma determinada função, de maneira simplesmente natural, o resultado cego de um sistema mecânico, mas realizam-se aí deliberações, e ocasionalmente o partido se intromete. Ou então a produção coletivista decide o que julgar correto. Na RDA, as questões sobre a configuração já levam a decisões com uma forma política especificamente socialista.

Embora a aparência externa de muitas mercadorias no socialismo demonstre uma diferença marcante em relação à aparência das mercadorias correspondentes no capitalismo, deve-se ainda destacar: o interesse se deve primeiramente não à superfície das aparências, mas às funções

CRÍTICA DA ESTÉTICA DA MERCADORIA 157

que determinam tais fenômenos. Criticar a estética da mercadoria não significa criticá-la nas aparências e técnicas a serem aplicadas nela como tais, mas o fato é que determinadas funções econômicas lançaram mão e se apoderaram funcionalmente dessas técnicas – desenvolvidas, em princípio, já antes do capitalismo, mas ainda não existentes nas sociedades que não produziam mercadorias – tornando-as portadoras da função que essa apropriação, contudo, transforma no motor da remodelação dos fenômenos assim apropriados. Quem negligencia a determinação funcional facilmente assume uma atitude semelhante ao pacifismo em sua branda inconsequência, recusando por princípio a violência, sem se importar se ela é opressiva ou libertadora. É diferente se um fuzil é usado como meio em uma guerra imperialista ou se é usado em uma guerra de libertação. Não se percebe isso no fuzil. A impressão sensível, passível de ser copiada e multiplicada, não mostra o essencial aí oculto, servindo consequentemente para encobri-lo. "Desse modo, a situação torna-se tão complicada", escreve Brecht em sua análise sobre o Processo dos Três Vinténs, "que menos que nunca uma simples 'reprodução da realidade' expressa algo sobre a realidade. Uma fotografia da Siderúrgica Krupp ou da AEG [Companhia Central de Eletricidade] não mostra quase nada sobre essas instituições. A verdadeira realidade resvala para o funcional."[7] A diferença, quer se trate de uma guerra de libertação, de um massacre imperialista ou de um latrocínio, não é visível no fuzil. Falar contra o imperialismo não significa falar contra os fuzis, mas munir o *front* de libertação com fuzis e fazê-los falar contra o imperialismo. Procedimento semelhante ocorre na crítica da estética da mercadoria. Ela não se dirige contra o embelezamento de determinadas coisas, muito pelo contrário, mas mostra como uma função econômica autônoma do capitalismo irrompe com o poder de uma catástrofe natural pelo mundo sensível, varrendo tudo o que não se submete a ela, assimilando inteiramente, fortalecendo e dando primazia a determinados traços singulares que vêm ao seu encontro, a fim de consolidar os do capital.

3 As determinações do destino instintivo social mais genérico, derivadas das relações de produção privada de mercadorias: ruptura da sensualidade e fascinação estética

Trata-se de questionar mais a fundo a posição da sensualidade humana na sociedade de troca, a fim de obter as determinações mais gerais que permanecem fundamentais também para a análise da relação estética sujeito/objeto, que continua a se desenvolver no capitalismo. Essas determinações devem decorrer das relações de produção. A tarefa, portanto, é derivar das regularidades da produção de mercadorias, oriundas da divisão privada do trabalho, as tendências marcantes fundamentais da sensualidade, tanto subjetiva quanto objetiva, na sociedade burguesa. Perguntamo-nos onde e como a tentativa de derivação deve começar. A resposta encontra-se no início de O *Capital*; demonstra-se que para o presente questionamento esse início pode ser tudo, menos causal; contudo, é frequente a recomendação de pular o primeiro parágrafo, "demasiado filosófico", ao lermos O *Capital*. A recomendação é compreensível, na medida em que o início de O *Capital* impõe grandes dificuldades a serem superadas, cuja grandeza não reside nem no texto nem no assunto, mas numa relação singular entre o leitor e o assunto analisado. A análise exige do leitor uma compreensão que altera a consciência e contra a qual ele resiste. Essa resistência, podemos conceituá-la, de um lado, como resultado objetivo do processo histórico, no decorrer do qual a lógica da troca se impôs e se desdobrou; de outro, como reflexo imediato dos

CRÍTICA DA ESTÉTICA DA MERCADORIA   159

resultados objetivos deste processo na consciência. Como exemplo de um grande complexo de dificuldade, ao mesmo tempo subjetivas e objetivas, pode-se mencionar a diferença e a separação radical entre valor de uso e valor de troca – a dificuldade inicial de O Capital. A contradição desses dois momentos da mercadoria reaparece em todos os níveis do sistema capitalista, bem como em todos os níveis da teoria do capital; os dois conceitos radicalmente separados em sua contraditoriedade constituem a estruturação das teorias de O Capital, que em sua evolução se tornam cada vez mais concretas. O fato de que as mercadorias enquanto valores de troca não contêm "nem sinal de valor de uso" é uma impertinência para a consciência cotidiana marcadamente burguesa que provoca resistências. Aqui não é o lugar para expor como as determinações conceituais, elaboradas por Marx no primeiro capítulo, são de importância verdadeiramente fundamental em todos os níveis da teoria do capital, à medida que formam a sua estrutura. Interessa aqui a análise da troca, uma vez que ela abre, ao mesmo tempo, um acesso para a análise daquela contradição.

Todo ato de troca equipara qualidades incomparáveis entre si (valores de uso) em uma determinada proporção quantitativa (valor de troca). Essa equiparação é abstraída radicalmente da variedade sensivelmente qualitativa; à medida que reduz todas as qualidades sensíveis à mera quantidade, ela nega a autonomia sensível tanto objetiva quanto subjetivamente. A quantia do valor de troca deve não somente acompanhar, mas também dominar a concepção de cada coisa sensível para que ela possa se tornar mercadoria.

Da didática do primeiro capítulo de O Capital, ficou claro o problema de que o iniciante terá de início uma grande dificuldade, qual seja, a de não considerar que a equiparação na troca do aspecto sensivelmente desigual seja autoevidente. Marx esforça-se, usando toda a sua habilidade didática, para tornar perceptível o escândalo da equiparação do incomparável. Ele teve de empregar o distanciamento no sentido brechtiano. Pois para a consciência cotidiana a troca e a lógica daí derivada são tão óbvias quanto a natureza; elas formam a segunda natureza da sociedade de troca.

Marx deduz que a equiparação de coisas sensivelmente diferentes não pode ter em si nenhuma razão sensível, mas representa a concretização das relações sociais fundamentais entre os membros da sociedade, intermediada sensivelmente pelas relações entre as mercadorias na troca.

Marx teve então de atacar a consciência "natural" do membro da sociedade de troca, pois as relações sociais entre as pessoas não aparecem claramente na troca. No dinheiro se extinguem todos os vestígios. As pessoas não têm consciência do núcleo racional; elas agem assim, mas não sabem por que as relações ocorrem "à sua revelia".

A estrutura básica da sociedade de troca é, ao mesmo tempo, racional e irracional, mesmo que num outro nível e numa outra forma de manifestação o racional configure-se como irracional. Dentro dos limites estreitos estabelecidos para a facticidade irracional, o comportamento do produtor de mercadorias é, a princípio, racional. Ele produz para o mercado. No âmbito dessa atividade, ele calcula tendencialmente todo o seu comportamento. O mercado, afinal, é incalculável; portanto, também o irracional e, ao mesmo tempo, o nível elevado mais próximo, a partir do qual se emitem os juízos sobre as suas atividades esforçadamente racionais, "uma relação que, como afirmou um economista inglês, paira sobre a terra semelhante ao destino na Antiguidade, distribuindo com mãos sensíveis a felicidade e o infortúnio, criando e destruindo riquezas, gerando e extinguindo povos".[8] Se estabelecermos um equilíbrio mediante as contínuas oscilações que ameaçam aniquilar, ou realmente aniquilam, incontáveis grupos, recompensando outros desproporcionalmente, isso significará então que o resultado social de inúmeras atividades isoladas privadas, não combinadas anteriormente, será a reprodução geral. Segundo o resultado, produziu-se, então, *como se* um plano tivesse sido seguido. Para o produtor de mercadorias, cuja reprodução é intermediada com sucesso pelo mercado, resulta uma racionalidade de grau mais elevado. A maneira, porém, como se produz esse resultado, alcançado inconscientemente pelas pessoas, à revelia delas, é irracional. Essa irracionalidade é o aspecto abrangente ao qual a racionalidade delimitada da produção para o mercado se incorpora e se submete enquanto momento; a racionalidade resultante da reprodução efetuada permanece para ela exterior e casual. A maneira específica para a sociedade de troca de intermediar entre a produção de divisão privada do trabalho e a reprodução universal não pressupõe esta última como meta interna; em crises periódicas a sua legitimidade própria vai de encontro ao aspecto racional resultante. O sistema está estruturado de tal modo que a sua planificação se deve a constantes catástrofes e a sua ordem, à desordem destrutiva, e as suas leis se impõem "como talvez a lei da gravidade, quando a casa cai sobre nossas cabeças".[9] No socialismo, por sua vez, a racionalidade

CRÍTICA DA ESTÉTICA DA MERCADORIA 161

social concretiza-se à vista de todos, enquanto prioridade da produção para o consumo que, em última instância, serve somente àquela. O plano e a organização política nele implícita garantem a primazia da produção, bem como a sua determinação pelas necessidades humanas. O esforço e as restrições, exigidos dos indivíduos pela primazia da produção, são racionalmente fundamentados em razão de todas as dificuldades e prejuízos de atrito, de acordo com a meta a que se submetem, e compreensíveis, ainda que a compreensão da necessidade e a consequência para o comportamento socialmente adequado – em resumo, a personalidade socialista – não se produzam automaticamente, podendo ser somente o resultado de um longo trabalho político e econômico. Na sociedade de troca é através das mercadorias que os produtores se relacionam entre si sem planejamento algum, e, mais ainda, é a elas que eles atribuem as suas relações; as suas relações sociais possuem a forma de relações e movimentos de coisas; os seus produtos lhes escapam, tornam-se independentes, em movimentos que produzem arbitrariamente resultados sociais totais e aos quais os produtores se submetem; o seu trabalho malfeito, a mercadoria, nesse seu movimento social, ganha poder sobre eles.

Deve-se tentar agora desenvolver, dessas determinações sociais mais gerais, aquelas que terão um significado fundamental para a análise da relação estética sujeito/objeto. Numa sociedade na qual as relações sociais decisivas são intermediadas por mercadorias, enquanto coisas sensivelmente bastante diversas e, ao mesmo tempo, absolutamente indiferentes, ocorrem modificações contraditórias específicas na sensibilidade dos membros da sociedade. Um treinamento agridoce a partir da infância ensina os indivíduos a submeter o próprio comportamento, em relação aos objetos do desejo – e também a percepção desses objetos –, ao domínio do valor de troca, sob o qual as coisas se encontram e se movimentam. O motivo da submissão ao domínio do valor de troca é a intenção forçosa de participar desse domínio sobre os fundamentos materiais necessários também à própria vida.

O domínio do valor de troca impõe aos membros da sociedade uma forma específica de autodomínio, fundamentalmente diferente da disciplina racional de uma sociedade socialista. O esforço e o resultado compreensivelmente não se deixam intermediar, uma vez que na sociedade de troca o resultado se impõe de forma irracional, podendo assumir, além disso, a qualquer momento, a forma de um destino implacável e, mais raramente, de uma sorte grande. A necessidade, à qual os indivíduos têm de se submeter a fim de se realizar, não é compreensível no sentido do conteúdo, mas apenas formalmente: ou seja, como é algo drasticamente inculcado a qualquer momento e em toda parte, só se pode compreender nisso *que* temos de nos submeter à necessidade enquanto ela permanecer imperscrutável, de acordo com desígnios nela contidos. Exatamente porque o sistema impõe a submissão a uma necessidade irracional, ele não impõe simplesmente um disciplinamento quantitativo da sensualidade, comparável àquilo que o conceito "adiamento do prazer" se refere, mas à sua refração qualitativa.

Nos Sete pecados capitais do pequeno burguês, Brecht demonstra claramente o que significa o conceito "refração da sensualidade". Ele conta, em sete partes, a história de como uma mulher obtém dinheiro numa sociedade capitalista. No final, ela está rica, mas deprimida e "cansada da vida", e "invejava aquele que podia passar incorruptível e orgulhoso/ Revoltado contra a brutalidade/ Abandonado a seus impulsos, um felizardo! / Amando somente o amado e / Apropriando-se abertamente de tudo de que necessita!". Na resposta da razão burguesa, o racional está mesclado com o irracional – na irrupção do irracional –, tal como na estrutura econômica da sociedade burguesa. A razão burguesa diz: "renuncie aos prazeres / Que você e outros persigam. / Ah, deixe-os aos insensatos / Que não temem o fim que os espera. / Não coma, não beba e seja preguiçosa / Pense nos castigos que prova o amor! / Pense no que será de você se fizer o que a fascina! Não gaste a juventude: ela passa!" O quinto passo do calvário da espontaneidade sensorial chama-se "luxúria". Da perspectiva do valor de troca, considera-se luxúria, nesse caso, o amor. A história desse passo forma um enredo duplo com um duplo desenlace. É este o duplo enredo: "E encontramos um homem em Boston / Que pagava bem e por amor. / E eu tive um problema com minha irmã / Pois ela também amava: mas amava outro. / E ela o pagava, também por amor". A ama e paga a *B*; *B* ama e paga a *C*. Esse é o duplo desenlace: Anna renuncia ao seu amado para manter o seu amante e, portanto, o dinheiro que recebe dele; o amante dela mantém-se por amor, mais preso a ela que o seu capital permite; ela se arruína financeiramente e por fim suicida-se com um tiro na cabeça.[10]

Mesmo na irracionalidade atroz de uma razão burguesa assim atuante, há momentos irrenunciáveis de racionalidade. A simples produção de mercadorias e, afinal, sobretudo, o capitalismo são os pressupostos historicamente necessários não somente para a possibilidade imaginável de

CRÍTICA DA ESTÉTICA DA MERCADORIA 163

uma tal crítica, mas também, sobretudo, para a única alternativa concreta ao capitalismo. Portanto, se analisamos aqui criticamente a "refração da sensualidade", não será do ponto de vista de uma espontaneidade sensorial, reprojetada em uma época dourada. Acentuar o devir poderia gerar equívocos e ser entendido como transfiguração do que não veio a ser. O ponto de vista do qual a característica marcante da sociedade capitalista é criticada pela razão e pela sensualidade é uma razão e suas relações com a sensualidade, que irrompem da compreensão da necessidade da regulação coletiva da produção.

À refração da sensualidade na sociedade burguesa segue-se imediatamente a fascinação sensual pelas mercadorias. Pois todo produtor de mercadorias é concorrente de todos os outros produtores e, mesmo como vendedor de mercadorias, ele não passa de um assaltante legal de valor de troca. "Toda pessoa especula tentando criar no outro uma nova necessidade, a fim de fazer dele uma nova vítima, impor-lhe uma nova dependência e levá-lo a uma nova maneira de obter prazer, causando-lhe assim a ruína econômica."[11] A contradição de interesses de pessoas diferentes, enquanto portadoras de diferentes papéis já economicamente marcados, ou seja, a contradição apartada e personificada em pessoas, entre a perspectiva do valor de uso, do valor de troca ou da valorização, ingressa, enquanto determinação contraditória fundamental, no caráter da sensualidade subjetiva.[12] Os polos dessa contraditoriedade devem ser examinados mais a fundo.

É decisivo para a relação com as coisas, ajustada à perspectiva do valor de troca, que o olhar, ao passar pela singularidade sensual de uma coisa, dirija-se continuamente à quantidade niveladora do valor de troca. Cada coisa está potencialmente para qualquer outra, ou para a coisa-moeda que está para todas as outras coisas, o dinheiro. Cada particularidade sensível, cada autonomia material continua sendo nula. Do mesmo modo que a sensualidade da coisa, a relação sensual do possuidor com ela também é negada. Cada relação precisa deve tornar alguém apto a possuir – e não é outra coisa que importa na sociedade de troca: dominar os seus sentidos – sendo, ao mesmo tempo, continuamente afirmada e negada. Um treinamento para a autossuperação da indiferença, enquanto ajuste adequado da sensualidade ao princípio da troca, é o pressuposto da sociedade de troca, agindo retroativamente na vida individual para a concretização das relações sociais. Diretamente no mesmo contexto do ajuste da sensualidade está o ajuste do órgão para a questão do sentido e da meta da práxis cotidiana, tanto da individual quanto da coletiva. Esse órgão, a razão, dispersa-se no cotidiano do trabalho social instintivo em direção a uma racionalidade inconscientemente atrelada, que elabora e calcula cada trecho das atividades intermediárias isoladas; e – limitada a um círculo estreito e desvanescendo-se no capitalismo avançado – uma razão mais elevada pairando sobre as coisas, na qual a questão concretamente colocada do sentido está desviada para o eterno e se justifica cobrindo a irracionalidade dominante das relações de produção, regulando a racionalidade adaptada às coerções dessa irracionalidade, mistificando-a e fazendo dela uma missão sublime e um mandamento. (Mesmo numa tal mistificação, é mais uma exigência eficaz da razão que se torna crítica e à qual o sistema numa crescente irracionalidade não se permite mais.)

Se a relação das necessidades com os objetos for quebrada e as coisas se tornarem indiferentes e insensíveis, porque valem apenas como disfarces do valor de troca, crescerá, por outro lado – depois de o valor de troca ter recebido uma configuração própria de valor de uso determinada qualitativamente e existente apenas para ele –, a sensibilização do insensível, a coisificação da descoisificação, a coisa dominando inquebrantavelmente as necessidades, justamente em sua relação quebrada com as coisas: o fetiche do ouro cegando os olhos. Ainda antes que se reconheça essa configuração – não somente como Marx a denominou, "a sua forma estética, a posse de pratarias e objetos de ouro"[13] – como disfarce do valor de uso, fazendo dele um mero estágio intermediário, e por fim uma grandeza preponderantemente ideal no processo de valorização do capital, fixa-se a perspectiva do valor de troca, junto a essa configuração coisificada do valor de troca. Surge assim o avarento, enquanto formador de tesouros. Por mais infantil que pareça, da perspectiva da valorização, essa maneira de salvar o seu pé-de-meia, ele forma uma ditadura subjetiva-moral sobre os seus sentidos, importante na época burguesa – inseparável também da ditadura sobre o seu órgão, usado para questionar o sentido e a meta. "A fim de segurar o ouro enquanto dinheiro e, portanto, como elemento da formação do tesouro, ele deve ser impedido de circular ou dissolver-se nas guloseimas enquanto meio de compra. O formador do tesouro sacrifica, assim, o seu prazer carnal ao fetiche do outro. Ele leva a sério o evangelho da renúncia. Por outro lado, ele pode retirar de circulação em dinheiro apenas aquilo que ele lhe dá em mercadorias. Quanto mais ele produz, mais ele pode vender. A aplicação, a parcimônia e a avareza formam assim as suas virtudes cardeais...",[14] e a hostilidade

CRÍTICA DA ESTÉTICA DA MERCADORIA 165

aos sentidos, a garantia imprescindível dos fundamentos subjetivos. Enquanto os expoentes da ordem moral e econômica da sociedade antiga sabiam ameaçá-la pela dominação do dinheiro, "a sociedade moderna saúda ... no graal de ouro a encarnação brilhante de seu princípio de vida mais próprio";[15] esse princípio de vida, porém, não é diferente do princípio de troca, recuado para a construção da subjetividade humana, mas em concretizações historicamente variáveis. Ao colocar-se o valor de troca enquanto fim em si mesmo – a princípio ainda de maneira subjetivamente arbitrária através do formador de tesouro avarento, no capitalismo, enquanto obrigação objetiva e autonomia concreta do processo de valorização –, estrangula-se na perseguição dos objetos individuais o seu sentido fundamental. Apenas aparentemente os indivíduos perseguem agora os seus próprios objetivos. Mas essa aparência torna-se o que há de mais firme na sociedade capitalista. Sobre isso, porém, ergue-se uma estrutura nebulosa de satisfações aparentes das necessidades sensoriais.

Se da perspectiva do valor de troca as mercadorias são meros disfarces do valor de troca, a lógica então, da mesma perspectiva, leva a disfarces cada vez mais provocantes que animam e descobrem os desejos das pessoas, enquanto possíveis compradoras, opondo-se assim à educação para a indiferença e, ao mesmo tempo, fortalecendo-a. Do mesmo contexto, do qual surge a abstração do sensual, advém a função que dá primazia, por parte da mercadoria, à impressão sensível – copiada e produzida separadamente e com o melhor acabamento possível – e a mera aparição do valor de uso que muito promete à necessidade. A abstração estética, o sensível descorporificado e – porque retirado das limitações da realidade objetiva – proliferando livremente e florescendo infrutiferamente, sem as marcas do tempo, retroage sobre a estrutura do instinto e da percepção das pessoas. Tudo isso resulta do caráter fetichista da mercadoria, isto é, da forma de produção na qual as mercadorias atuam – usando as palavras de Marx – "de maneira sensível-suprassensível", enquanto "coisas sociais". Se as coisas, cuja forma de mercadoria e função autônoma levam a tais consequências, fossem simplesmente coisas sensíveis, isto é, produtos de uma economia de valor de uso e de subsistência, ou seja, de uma economia planificada, uma tal duplicação não teria nenhuma existência, pois não teria função.

Dependendo da situação de classe dos indivíduos, os polos da contradição existentes no fundamento da sociedade de troca, e que no capitalismo se eleva ao patamar de uma força motriz histórica, cuja dialética destrutiva descarrega-se numa aniquilação periódica de produtividade, a fim de desdobrar-se enquanto processo de corrupção furtiva nas épocas de apogeu – pois bem, dependendo da situação de classe, os polos dessa contradição têm acentos diversos para os indivíduos. O sujeito dos empreendimentos econômicos, que almejam a apropriação de um pedaço de mais-produto social, possui um prenúncio de autodomínio diferente do que o sujeito do trabalho assalariado. Quando o meio transformado em fim em si – a valorização – faz de um homem, enquanto capitalista, um funcionário, este fim, que impulsiona originalmente (e subterraneamente, cada vez mais em outras regiões substitutas) este homem permanece também aqui – ainda que de maneira subdesenvolvida e atônita – sempre discrepante em relação a essa existência de agente. Submeter-se ao fim em si da valorização significa, na verdade, acelerar muitíssimo a aspiração do meio (em direção ao fim reprimido), e com chances de êxito como um assalariado jamais teve; ao mesmo tempo, porém, o funcionário do capital subordina o fim, para o qual o meio se determinou na relação, a este. Para os assalariados, como também para os capitalistas, o lado do valor de troca enquanto tal não pode ser, da perspectiva do resultado do seu trabalho, o aspecto mais importante. A importância, em si inadequada a eles, agrega-se às mercadorias acessíveis ao consumo individual, atribuindo um sentido válido a grande parte da vida consumida no trabalho escravo. Os estímulos da estética da mercadoria, a contradição e o contraste estabilizantemente recompensador em relação às coerções da esfera da produção atuam sobre os assalariados de maneira diferente do que sobre os capitalistas. Quanto mais irracional for o sacrifício forçado das exigências sensual-sensoriais a partir da situação de classe, mais importante para a estabilização será a recompensa em forma de mercadoria. A estabilização só é possível porque aqui a força da natureza defronta-se com seu igual, ao passo que a sensualidade dominada apoia a dominação dos sentidos. Existindo forças produtivas altamente desenvolvidas, os estímulos das mercadorias proliferam no até então inimaginável. Como no sistema capitalista não pode existir uma motivação diretamente social – a não ser que a sua aparência seja organizada para os tolos como "ação solidária", em muitas variações e para diversos fins, pelos membros da classe dominante –, as coisas indiferentes são o motivo continuamente fascinante. Enquanto obrigatoriamente indiferentes, as pessoas são as vítimas da fascinação da estética da mercadoria.

4 Práxis coletiva da indústria da ilusão no capitalismo

Em Veneza, pode-se comprar um cartão postal que faz ao mesmo tempo propaganda da cidade e de um truste americano. Ele mostra a Praça de São Marco vazia, ocupada apenas pelo notório exército de pombos. Estes apresentam-se de forma organizada: em caracteres gigantescos, eles formam a palavra "Coca-Cola". Os caracteres são aqueles do *design* da marca "legalmente registrada". O gerente publicitário produziu a configuração dessa foto fazendo que várias pessoas contratadas espalhassem comida para os pombos de modo a formar a logomarca. Os pombos não se colocaram ali para formar a logomarca, mas para saciar a sua fome. A comida não foi espalhada para alimentar os pombos, mas para fazê-los trabalhar como figurantes, ao se dirigirem a ela. O arranjo é absolutamente estranho e externo aos pombos. Ao incorporarem a comida, eles são subordinados ao capital e incorporados por ele. A foto – um triunfo da técnica publicitária capitalista – mostra simbolicamente um aspecto fundamental do capitalismo.

O capital mobiliza um exército gigantesco de trabalhadores assalariados. Sob o seu comando, a divisão do trabalho e a cooperação se desdobram numa escala social cada vez mais elevada. Os trabalhadores se movimentam nos caminhos que lhes prescreve a dependência salarial. Afora o grande interesse no salário e em sua cota de consumo, nada mais encontra satisfação objetiva na sociedade capitalista, nem pode ser satisfeita. A organização dos operários, no tocante à coletivização na esfera de produção não lhes pertence, não é problema deles, mas do capital. A sua força produtiva é uma força alheia; a sua produção reproduz esse alheamento numa escala continuamente crescente e assim a sua própria dependência. A sua atividade coletiva – a práxis em escala social – não possui nenhum sentido coletivo, mas apenas o sentido privado-pobre de sua reprodução individual, enquanto trabalhador assalariado. O interesse predominante na práxis social é o interesse de lucro e apenas formalmente este está ligado ao interesse privado dos trabalhadores. O sentido da mesma palavra, aplicado à classe de assalariados e à classe do capital, distingue-se do mesmo modo que o ladrão em relação à pessoa roubada. A justiça da troca na relação entre o trabalho assalariado e o capital é mera aparência. Para as massas de produtores, a cooperação social, no sentido do interesse privado, não tem sentido social e a reproduz reiteradamente apenas, enquanto trabalhador assalariado. Para cada um deles, o sentido do trabalho assalariado é realmente o salário; ele o atomiza, e, contudo, eles formam juntos a força produtiva *social* fundamental. O seu caráter social lhes é retirado e apropriado pelo capital. O conteúdo social e a forma capitalista privada se contradizem mutuamente.

O mesmo vale para as ações que não correm diretamente na esfera de produção, mas num determinado tipo de "esfera de consumo", ou seja, a guerra. Frisa-se: ações coletivas por excelência. A guerra é, como destacou Benjamin,[16] a única possibilidade presente no seio do capitalismo capaz de romper as forças produtivas que se desenvolvem no âmbito dessa sociedade – no âmbito dessa sociedade e sem explodi-la ainda – e, de certo modo, aplicá-las de maneira inteiramente desenvolvida. O que é possível na cooperação dos membros da sociedade, no uso intenso das forças produtivas desenvolvidas, pode ser realizado no âmbito do capitalismo apenas sob a forma de guerra.

O que não pode se resignar, por parte dos trabalhadores, com o contínuo trabalho do capital pelo poder, estranho a eles, irrompe na consciência política de classe. Isso significa que os organizados socialmente pelo capital fazem a sua própria organização passar-se por classe. Nesse sentido, o socialismo significa a emancipação do trabalho efetivamente socializado do domínio do interesse privado de lucro. Somente quando o trabalho social organiza-se no interesse social geral a práxis coletiva pode ser coletivamente sensata. No capitalismo, o interesse da classe dos trabalhadores, à medida que se concretiza na organização e na práxis política, é a forma mais elevada de sentido coletivo objetivo. Quanto mais apática e atrofiada for a consciência de classe da grande massa

CRÍTICA DA ESTÉTICA DA MERCADORIA 169

de assalariados, mais apaticamente eles sentirão a necessidade de um sentido coletivo dos processos coletivos nos quais eles estão incluídos. Para eles, só podem ser sensatos os processos que são, ao mesmo tempo, justos para cada indivíduo, isto é, que obedecem aos seus próprios fins e têm um sentido coletivo. Se a consciência de classe for aguçada, pode ocorrer então que os trabalhadores expressem, através de atos de sabotagem, a insensatez ou até mesmo o absurdo das ações coletivas das quais eles participam. Talvez do mesmo modo que, em determinadas empresas durante a época do nazismo, os sistemas de comando dos torpedos foram feitos erroneamente pelos comunistas e social-democratas, e os torpedos consequentemente não atingiram o alvo. No âmbito das ações coletivas, em virtude da consciência de classe, da compreensão da situação e da contradição de interesses, resulta uma determinada conclusão prática, ou seja, intervir: é um tipo de juízo empírico quando eu conduzo um processo de produção *ad absurdum* destruindo a parte central. No capitalismo, são exceções estranhas ao sistema as ações coletivas – isto é, as que excedem a esfera privada – que satisfazem objetivamente o pressuposto de que à escala social, a partir da qual as pessoas participam delas, corresponde um interesse social imediato que a determina e a organiza. Mais comumente, elas se realizam para afastar catástrofes naturais. Um incêndio que não atinge ninguém diretamente, ou uma inundação, é particularmente bem-vindo porque torna a massa – que antes era apenas um dos átomos – uma comunidade *ad hoc*. Entretanto, o que foi salvo da inundação ou do incêndio não passa de propriedade privada e, portanto, de relações de posse. O alto valor de satisfação que a defesa comum unitária pode ter para as massas diante de catástrofes é, portanto, em si mesmo, parcialmente fictício.

O capitalismo gera constantemente não somente uma necessidade de sentido fundamentalmente frustrada neste sentido definido: ou seja, o sentido das ações coletivas para as quais ele impulsiona os homens; mas também a ferida que ele causa com uma das mãos e trata com a outra. Ele próprio capitaliza a satisfação dessa necessidade, mas numa determinada forma que ainda será analisada. Essas necessidades podem ser satisfeitas dentro do capitalismo apenas de forma aparente. Para que as ações coletivas possam ser objetivamente sensatas para todos os participantes, é necessário suprimir o capitalismo e implantar relações de produção socialistas, ou seja, a atividade social precisa ter assumido também uma forma diretamente social. Dentro do capitalismo, a necessidade de uma práxis social e individual não alienada; portanto, não passível de se tornar propriedade das massas, mas expropriada em seu conteúdo, só pode ser satisfeita por meio da aparência, de maneira artificial ou artisticamente onírica, deslocando-se a sua meta. Toda uma indústria da ilusão trabalha, como sabemos, na produção de uma tal satisfação aparente.

Se dentro do capitalismo não existe para as massas uma meta que valha a pena, para o sistema como um todo e para o respectivo capital individual ativo a indústria do entretenimento vale a pena. A necessidade de baixo, de ser desviado pela falta de meta, choca-se com a carência de cima, de desviar-se do domínio da meta de classe capitalista. Disso resulta um setor singular com mobilidade para passar da empresa capitalista privada para a organização estatal.

Adorno e Horkheimer levaram em conta a singularidade desse setor dedicando-lhe uma análise especial com o título de "indústria cultural". Como mostraremos noutro trecho, conceito e teoria têm, contudo, um interesse apenas metafórico na crítica da economia política do capital e são impelidos para o pessimismo cultural.[17]

Na indústria do entretenimento é o interesse com meta deslocada que domina. O crime contra a ordem, que teria de ser revolucionado, e a aparente perseguição, geralmente sensata ao criminoso, fascinam justamente porque dividem os interesses apáticos das massas em duas linguagens adequadas ao sistema: a linguagem do crime e a linguagem da perseguição do criminoso. A variante burguesa mais horrível do filme policial, o filme de suspense, coloca em cena o instinto destruidor criminoso, personifica a insensatez do sistema – e ela se exprime largamente como irracionalidade destrutiva – e o medo produzido por ela, por meio de um pseudoinimigo, de modo que, tomada de uma solidariedade aparentemente humana e universal, o restante da sociedade precipita-se sobre esse pseudoinimigo – um substituto falso da práxis coletivamente sensata. Não obstante a sua suposta tendência, os filmes burgueses de guerra oferecem em todos os níveis exemplos modelares de inculcação de ações coletivas pseudossensatas. Mostra-se sempre a mobilização de forças produtivas em larga escala; entre elas, a cooperação de pessoas ocorre num grande espectro social. A coexistência atômica ao lado do medo e da concorrência vigilante, bem como o velho conflito de classes são resolvidos de forma ilusionista através de "claras" relações amigo/inimigo; se, na relação com o inimigo, o extermínio se confrontar com o extermínio, predominará entre os "bons" a cooperação, enquanto comu-

CRÍTICA DA ESTÉTICA DA MERCADORIA 171

nidade e camaradagem emocionalmente erotizadas. Muitos faroestes e filmes de guerra são, em seu núcleo emocional, "filmes de amor entre homens", tal como um crítico de cinema classificou os filmes de Howard Hawks.[18] Uma análise dos romances de faroeste na Alemanha Ocidental demonstrou que os heróis dessa literatura não são motivados nem pelo prazer, nem pelo dinheiro, mas pela "justiça"; a vingança justa é o motivador mais comum para a ação. De resto, surge também aqui a "amizade entre homens em alto conceito", enquanto relacionamento heterossexual.[19] Um pressuposto do efeito é que as relações homossexuais permanecem latentes; somente assim elas se prestam como substitutos do desejo – e do isolamento resultante da luta concorrencial pela existência que continua determinando o "papel" masculino – de romper em um tipo de solidariedade emocional cujo sentido social precisa permanecer latente para poder ter assim a sua meta deslocada.

Para o membro da sociedade capitalista, é difícil *não* achar esses substitutos interessantes, *não* se deixar fascinar por eles e *não* considerar simplesmente óbvio o interesse despertado por eles.[20] As configurações da indústria da ilusão povoam com aparências fantásticas o espaço que está vazio no capitalismo e que apenas o socialismo realmente preenche. Isso se reflete – em comparação com a programação da TV da RFA – em uma particularidade da estrutura conteudística da TV da RDA. Numa posição de destaque, por exemplo, a introdução de novas máquinas agrícolas e as consequentes mudanças nas relações de trabalho no campo são tratadas como acontecimentos coletivos "sensacionais" e decisivos; ou a introdução de novos métodos de produção industrial e os consequentes esforços coletivos necessários para o aperfeiçoamento profissional e o desenvolvimento de novas formas de trabalho comunitário. Não somente nas notícias ocorre isso; há seriados – *Zeichen der Ersten* (*Sinal dos primeiros*) é um ótimo exemplo – cujo aspecto comum é não darem muita importância ao crime ou à guerra, ou a uma ação coletiva semelhante mas à ação coletiva que cria o contexto, o momento trágico nele constante, os conflitos e mesmo o aspecto cômico, todos alimentados por processos que são agora tornados políticos: ou seja, tanto pela organização coletiva quanto pela produção da pura efetividade, como também pela cooperação socialista, na qual se junta tendencialmente, o interesse individual e social total, ainda que não sem tensão. Quando um truste capitalista aplica um novo processo de produção como arma contra os dois ou três oligopólios do setor, isso não é um acontecimento político, mas um fato relacionado à concorrência, à exploração e, também, à ameaça de desemprego. Essas indicações explicitam por contraste o quanto o conceito indústria da ilusão está consolidado no capitalismo de forma bastante especial. Pois, considerando o sentido social total, no qual o interesse individual de todos os membros estaria em boas mãos, o capitalismo não tem mais nada a apresentar a não ser a mera aparência.[21]

5 A arte em posse do capital e a seu serviço (I): a poesia mercantil da propaganda, em contraposição à antipropaganda impotente dos poetas

Do mesmo modo que são usadas a obra venerada e a expressão fidedigna, também é usada a forma estética. Onde estiverem ligadas a ela determinadas expectativas objetivas e uma determinada disposição de acolhimento, enquanto postura receptiva, a propaganda poderá utilizá-la para a manifestação da mercadoria anunciada. Cada momento da produção estética pode obter de sua aproveitabilidade uma especial determinação funcional correspondente. O mesmo acontece com a arte, como instituição social que abrange uma série aberta de obras e uma especial relação de recepção, comportamentos característicos (contemplação, veneração, colecionar etc.) e instituições (museus, exposições, contemplação artística como matéria escolar etc.). Quanto mais inapropriados para os fins profanos do egoísmo capitalista possam parecer, para uma sensibilidade burguesa ingênua os elementos desse contexto, mais eficientemente eles podem ser empregados para ludibriar tal sensibilidade. O exemplo desanimador e, ao mesmo tempo, instrutivo da religião, que vale analogamente para a arte, é o já mencionado da imprensa bispal que anuncia na *w&v* (*werben und verkaufen* – anunciar e vender) à procura de anúncios, recomendando-se como anunciante por meio do efeito da transferência de confiança, que transfere algo da fé infantil diante dos textos religiosos e de citações bíblicas para a relação com os anúncios do capital-mercadoria que, caso contrário, seriam recebidos por parte do comprador com a habitual desconfiança.[22] A pintura, as artes gráficas e a escultura são tão exploradas quanto a música e a poesia. No caso da utilização da forma da lírica livre pela propaganda, aparece imediatamente até mesmo a orladura teórica que estabiliza liricamente textos a pedido do capital, objetivando o afastamento consciente da ideologia da arte. Dieter Wellershoff criticou os poemas tradicionais, afirmando que repercutiam nele como roupa de domingo exigindo respeito; que sua própria forma era ideologia "e o tradicional serviço de ponte, a formação, era um exercício de olhar para cima"; ele propôs, então, conceber o poema "como a forma de expressão mais leve e mais fácil, como o estudo intenso do falar individual e livre que ainda não existe de outro modo."[23] Wilhelm Genazino, por sua vez, não vê entre os líricos nenhum seguidor dessa concepção que generaliza o "poetar", igualando-o a nadar, dançar e refletir.[24] "Entretanto, o clamor por uma poesia livre, por uma poesia que se dispõe a tudo e pode falar de tudo, foi ouvido em outras escrivaninhas. Os poemas que surgiram dessas escrivaninhas foram editados aos milhões ... são – em nossa denominação – poemas de consumo." Eles "não descrevem o pescoço de uma garota, mas o prazer de fumar cigarros (de uma determinada qualidade, entenda-se bem); não mais a atmosfera de uma tarde, mas as qualidades de uma máquina de lavar".[25] A "postura básica" deles, porém, não é como Genazino expõe e com a qual ele pretende justificar o conceito poemas de consumo, "a da propaganda de consumo direta". Ao contrário, justamente essa expressão de mera aparência é que está funcionalmente determinada como elemento da estética da mercadoria. Trata-se essencialmente da propaganda de determinados artigos de marca. As "qualidades" poéticas estão forçosamente relacionadas às condições concretas do corpo da mercadoria. Portanto, é mais oportuno falar de lírica da mercadoria. "Os seus autores assumiram literalmente a fragilidade da arte poética", assim Genazino transubstancia o fenômeno, "e fizeram disso um procedimento útil." Para isso, deve ter sido menos decisiva a fragilidade da arte poética do que a demanda solvente do capital. Do poema a serviço da estética da mercadoria, Genazino espera que "não seja mercadologicamente berrante como o *slogan*; ele é mais discreto, mais sério que a pose falsa do *slogan* e apela, justamente por isso, para uma nova honestidade". O apelo não deve ser confundido com honestidade, como o é o cálculo da propaganda que emprega o poema visando, com essa utilização, à transferência da expectativa vinculada ao poema de uma interioridade manifesta de maneira subjetiva e honesta para a propaganda. Os exemplos citados por Genazino mostram, contudo, não somente o apelo à honestidade ligado

CRÍTICA DA ESTÉTICA DA MERCADORIA

à forma poética como tal. "Os empreendedores avançam. / Na economia. Na política. / É preciso ver o que eles fumam. / Então saberemos o que eles criam. / Eles fumam / o G. R. André. / Uma nova experiência marrom de fumar. / Elegante & frio. / Feito para empreendedores." Examinando o conteúdo não é difícil constatar que ele é absolutamente mentiroso: não reconhecemos através da marca de cigarros dos poderosos o que eles fazem. Ao contrário, o que verificamos enquanto "avanço dos empreendedores na economia e na política" – vinculado à exigência de escolher uma determinada mercadoria de marca que simbolize o ato de pertencer à classe dos poderosos – não se prende muito à aparência democrática, mas articula o poder e a elite, a penetração na política e no aparelho estatal ao capital. Entretanto, o momento elucidador é supercompensado pela recomendação de comprar, que insinua, a par da aquisição de determinado artigo de marca, o ato de fazer parte da elite poderosa, reproduzindo assim a "igualdade" – pelo menos para os compradores. A elucidação atua aqui como elemento de captura dos tolos, e a honestidade material da lírica da mercadoria revela-se puro cinismo. Esse cinismo pode ser tão explícito a ponto de manifestar determinados mecanismos do lucro e propagar o prazer masoquista da autossubmissão a esses mecanismos.

> Uma nova besta medra entre nós.
> Caça através dos continentes e salta mares.
> Corre o mais rápido possível, o mais longe possível.
> Abate tantas vítimas quanto possível.
> Povos inteiros ficam para trás.
> Pelo menos – e completamente –
> A população feminina
> De regiões muito populosas.
> A degeneração prolifera:
> Quem sucumbe às patadas
> E às mordidas do monstro
> Ansiará pelos próximos golpes e mordidas.
> Um tal prazer na decadência
> Faz que a população masculina se aflija.
> ...
>
> MODA.
> Especialmente agressiva é a variedade:
> MODA DE CALÇADOS.[26]

A moda, com suas inovações estéticas – tão veloz e abrangente –, é vista como estratégia da fome de lucro da besta capitalista, e a sensualidade humana aparece de modo violento no processo de valorização capitalista. Até então os elementos "elucidadores" desse poema-mercadoria parecem não iludir o leitor e operar com o apelo material à honestidade. Todavia, a honestidade é também aqui mera aparência, determinada funcionalmente e necessária para iludir acerca do caráter das constantes inovações estéticas e propagar a submissão. Pois a inovação estética não aparece em sua determinação funcional capitalista, mas enquanto subjugação prazerosa da população, sobretudo das mulheres. Quem já sucumbiu a essa violência anseia pela próxima subjugação, e isso significa, ambiguamente: "Um tal prazer na decadência faz que a população masculina se aflija" – permanecendo em aberto se é um protesto, uma admiração desdenhosa da passividade feminina ou a "feminilidade" dos próprios homens. Esta propaganda agressiva foi feita por encomenda da indústria de calçados da Alemanha Ocidental. A agressividade torna-se compreensível quando temos presente a crise, por exemplo, da Salamander AG, cujas ações tiveram em poucos anos o seu valor reduzido à metade. Na última assembleia geral dos acionistas, o orador Fiebich, conhecido de inúmeras outras ocasiões semelhantes, censurou a direção da empresa por não ter utilizado, de maneira suficientemente ampla, o instrumento da inovação estética, piorando consequentemente o valor de uso. "Deveríamos", disse ele à direção da firma, "ter percebido um pouco antes que com calçados menos duráveis pode-se ganhar muito mais dinheiro."[27] Vemos que a depressão não somente torna o capital lírico, mas a dificuldade de ganhar dinheiro com sapatos também leva a intervenções publicitárias na sensualidade humana.

Os exemplos mostram que a forma do poema é, portanto, furtada dos poetas e utilizada para a propaganda agressiva e insolente. "A estrutura, o encadeamento e o ritmo correspondem a padrões retirados da lírica contemporânea, sobretudo de seus exemplos de vanguarda (Helmut Heissenbüttel expressará isso por meio de uma mistura de sentimentos)."[28] A forma lírica não somente retorna repentinamente ao poema como estereótipo formal, mas também a forma gratuitamente expropriada pelo capital e funcionalizada para fins publicitários torna-se maciçamente conhecida, sendo vista como o original poderoso do qual o verdadeiro original não passa de uma reles imitação. Segundo Genazino, que faz essa constatação de maneira bastante acrítica, os poemas-mercadorias

CRÍTICA DA ESTÉTICA DA MERCADORIA 177

podem "ser vistos no Ocidente como os primeiros poemas com eficácia de massa".[29] Os líricos assim expropriados e superados tentam se defender com a antipropaganda, abusando *ad absurdum* da forma e esforçando-se para trazer a atenção de volta para os poemas. Um volume com o título *Das 7. Buch der Werbung* (*O sétimo livro da propaganda*)[30] compila tais tentativas. Hilde Domin, por exemplo, anuncia: "Faça uma pausa / leia a lírica / a lárica como o imor / para o tempo"; a impotência para se opor à propaganda é humilhante. O capital publicitário dispõe das forças produtivas; a poetisa não dispõe mais nem sequer da linguagem.

6 A arte em posse do capital e a seu serviço (II): a representação do capital individual

Se a estética da mercadoria fizer uso de formas e atividades artísticas ou dos próprios artistas, estes serão, então, na representação, em parte estilos artísticos determinados, em parte obras de arte. O complexo de utilização capitalista individual coletiva e estatal da arte não se insere mais diretamente na área de uma crítica da estética da mercadoria. Uma vez que esse complexo, porém, não está diretamente circunscrito, a não ser naquele algo da estrutura e da lei de efeito da estética da mercadoria que retorna a ele num nível social, ele deve ser finalmente, ao menos, esboçado. É que, na representação, o capital individual, bem como a sociedade capitalista, assume uma manifestação atraente que atua legitimadoramente na direção de todos os destinatários importantes: da esfera política, do mercado monetário e perante os trabalhadores. O que vale aqui é, digamos assim, "vender" o capital como tal, e o capitalismo como forma social, isto é, provocar uma impressão positiva.

No romance *Grieche scuht Griechin* (*Grego procura grega*), de Friedrich Dürrenmatt, um subcontador do gigantesco truste Petit-Paysan tem uma ascensão meteórica, graças ao seu relacionamento com uma mulher da alta sociedade. Petit-Paysan, o nome do truste, é um afrancesamento que disfarça o nome de um dos maiores trustes da Suíça, o Bührle. Bührle, um famoso colecionador de arte e mecenas, fundou uma galeria de objetos de arte na cidade de Zurique. O truste está intensamente engajado na produção de armas altamente destrutivas, mas produz também pacíficos bens de uso – segundo o livro de Dürrenmatt, fórceps. Recente-

CRÍTICA DA ESTÉTICA DA MERCADORIA 179

mente, o truste foi envolvido num escândalo, vindo à luz o fato de ter contrabandeado armas em larga escala. Não foi possível evitar que o filho de Bührle fosse incriminado, sendo até mesmo condenado a uma pena insignificante.[31] Bem, voltemos ao romance de Dürrenmatt. O subcontador A é requisitado pelo chefe do truste, o que representa uma ascensão no gigantesco edifício administrativo.

A entrada em salas jamais imaginadas, um ambiente de vidro e de materiais desconhecidos, brilhando de limpeza, elevadores maravilhosos, que o levam para os misteriosos andares superiores do edifício administrativo. Secretárias perfumadas passam esvoaçantes, sorriem; cabelos loiros, negros, castanhos e um maravilhoso estanho-avermelhado ... suaves corredores o recebem, sobre cujas portas reluzem lampadinhas ora vermelhas, ora verdes, os únicos indícios de uma discreta atividade administrativa. Caminhavam silenciosamente sobre tapetes macios; cada ruído, porém, mesmo a tosse mais branda e a mais furtiva, parecia proibido. Impressionistas franceses resplandeciam nas paredes (a Coleção Petit-Paysan era famosa), uma dançarina de Degas, uma banhista de Renoir, flores perfumadas em grandes vasos. Quanto mais alto chegavam, pairando, mais vazios ficavam os corredores e vestíbulos. Eles haviam perdido o aspecto prático, o supermoderno, o frio, sem que se alterassem as proporções, tornando-se mais fantásticos, mais quentes, mais humanos; Gobelins pendurados nas paredes, espelhos dourados estilo rococó e Luís XVI, alguns Poussins, alguns Watteaus, um Claude Lorrain, e, chegando ao último andar... o subcontador foi recebido por um digno senhor com cabelo embranquecido, vestindo um impecável *smoking*, talvez um secretário, que conduziu o grego por corredores claros e vestíbulos iluminados, adornados com vasos antigos e madonas góticas, ídolos asiáticos e tapeçarias indígenas. Nada mais lembrava a produção de canhões atômicos e metralhadoras ... em algum lugar a música vibrava, Haydn ou Mozart; não se ouvia nenhum ruído de máquina de escrever, nenhum contador andando para lá e para cá, nada que o fizesse lembrar do mundo do qual ele acabara de sair, que estava lá embaixo como um sonho ruim. Pararam então numa sala clara, revestida com seda vermelha, com um grande quadro representando uma mulher nua, do famoso Ticiano, talvez, do qual se falava em toda a parte e cujo preço era sussurrado em todos os lugares. Havia lá moveizinhos adornados, uma pequena escrivaninha, um pequeno relógio de parede com ponteiros de prata, uma mesinha de jogos com algumas cadeirinhas e flores ... Mal eles haviam entrado, abriu-se uma pequena porta lateral por onde entrou Petit-Paysan, vestido como o secretário, de *smoking*, com um pequeno exemplar de poemas de Hölderlin na mão esquerda e o dedo indicador entre as páginas.[32]

Como vemos, Dürrenmatt exagera bastante; a sua "comédia em prosa" – este é o subtítulo dado por ele ao romance – tem um ar inofensivo exatamente por causa do exagero. Ela não exagera, por exemplo, as técnicas sociais de manipulação descritas *en passant*, mas desprende-as do cálculo de interesses que as contém e as produz. De qualquer modo, o subcontador A está intimidado. Deixa de parecer uma comédia em prosa quando encontramos o mesmo efeito descrito em um relatório acadêmico publicado em 1969. Nele se encontra a declaração de um jovem operário industrial, da qual se deduz como o uso da arte na esfera de representação de sua empresa atua sobre ele. "Quando eu", diz ele, "entro no prédio da direção, acho tão impressionante ali a decoração da escadaria, seus ornamentos em gesso, seus quadros a óleo, os bustos de alguns antepassados da família do empresário, que no máximo no segundo andar já me sinto absolutamente convicto de que tudo o que a firma fez no passado, faz no presente e fará no futuro foi, é e permanecerá correto." Fica evidente, então, que sua formulação assume involuntariamente uma forma teológica; essa linguagem é usada para se falar de Deus, e contudo é o capital que está em cena dessa maneira sacra, produzindo impressões semelhantes às que a teologia judaico-cristã determina como características de Deus. Corresponde a isso também a reação do trabalhador assim impressionado. "E quando eu", prossegue ele, "quis apresentar uma queixa, senti-me como alguém que precisava confessar um pecado."[33]

Na representação, o objetivo determinante da empresa, o lucro, está oculto sob o brilho da arte. O capital, que dispõe dela, mostra-se aqui não como conhecedor e adorador da cultura elevada, mas coloca a aparência dela acima dos interesses particulares, como se não fosse o lucro, mas sim as produções mais elevadas do espírito humano o seu objetivo determinante. Desse modo, todo o bem, o nobre e o sublime não violento parecem se colocar a favor do capital. A arte é usada como fantasmagoria para produzir a aparência, e o domínio do capital torna-se legítimo e equivalente ao domínio do bem, da verdade, do belo etc. Assim, as obras de arte podem atuar como meio de imbecilização, entre outras coisas. Elas são empregadas como uma técnica, entre outras coisas, para a solução aparente da contradição do interesse privado capitalista e do interesse vital de toda a sociedade.

CRÍTICA DA ESTÉTICA DA MERCADORIA 181

Como essa contradição é igualmente fundamental e abrangente, não se insiste na utilização de obras de arte únicas. A função da solução aparente da contradição social básica, usurpando deslumbrantemente tudo o que é "mais elevado" e sacro, provoca a formação de um estilo; ela perpassa toda a arquitetura do capital, lá onde ele tem o seu lugar na vida pública, manifestando-se como uma edificação. O lugar do capital financeiro é visto como um templo grego; a fábrica de cerveja como um castelo; a gráfica da imprensa sensacionalista como uma catedral ocidental cristã, o local de culto de um império de vinténs.

O emprego de toda uma arquitetura, bem como das obras de arte únicas, representa apenas um aspecto das técnicas de solução aparente daquela contradição básica. Os grandes trustes tentam com os meios estéticos, no sentido mais amplo, encenar uma forma de manifestação perante a sociedade que os legitima como servidores dos interesses vitais da população. Quando o meio ambiente é poluído pela política de lucros irresponsável dos gigantes do setor químico, os trustes ameaçados pela crítica anunciam-se – através de fascinantes fotos coloridas, feitas com a mais avançada técnica de reprodução –, passando-se por mantenedores da vida, da felicidade, da natureza e do progresso. Na última reunião de acionistas do Banco da América – que financiou com lucros altíssimos 35% do transporte de tropas entre Estados Unidos e Vietnã –, "o presidente do banco A. W. Clausen sublinhou a crescente responsabilidade social do Banco da América, especialmente quando se trata de apoiar minorias raciais e proteger o meio ambiente. "O último balanço anual", observou Clausen com orgulho, "foi produzido em papel reciclado." O motivo de tais esforços para "imprimir ao banco uma imagem direcionada aos jovens", fazendo que ele fosse visto como adversário da guerra, é considerado aqui pelo relatório,[34] em razão de uma série de atentados praticados por adversários da guerra do Vietnã contra filiais do banco. Se o balanço impresso em papel reciclado soa com uma sátira aos americanos, então todos os relatórios comerciais parecem ter tal teor. O jornal social-liberal *Frankfurter Rundschau* dedica-lhes um comentário criticando com toda seriedade tais empresas que negligenciam o balanço, vendo-o como "instrumento do trabalho público". O título é formulado como um *slogan* da estética da inovação: "Gente simplória fora!". O artigo começa: "Os balanços são cartões de visita anuais das empresas. As cores e as fotos tornam degustáveis estes pratos dos acionistas ... Das três grandes companhias sucessoras da IG-Farben, somente a Hoechst," prossegue o artigo, "continua se servindo de uma colorida roupagem no balanço anual. A empresa adornou o seu último balanço com mais de cinquenta fotos coloridas da assembleia geral, de colaboradores beneméritos e de instalações técnicas ... entremeando-os com alguns tons sexuais, incluindo até mesmo uma verdadeira Vênus numa banheira de espuma. Tudo delicadamente arranjado e servido com uma avançada técnica gráfica". As outras sucessoras da IG-Farben, por sua vez, foram criticadas porque publicaram os seus balanços sem fotos coloridas. O citado jornal expõe também as razões político-classistas para uma apresentação estético-colorida do balanço, "uma vez que hoje não somente os analistas de balanço o recebem, mas milhares de pequenos acionistas, que também querem se sentir referenciados".[35] Não somente as massas de trabalhadores, mas também a massa de pequenos acionistas absolutamente sem influência – que deveriam se chamar, mais exatamente, acionistas aparentes –, ainda que em outra forma e função, deve ser provida com uma aparência colorida, brilhante e degustável.[36]

7 A encenação e a representação no nível estatal e social amplo – por exemplo, o fascismo como socialismo aparente

Walter Benjamin mostrou em seu famoso ensaio *A obra de arte na época de sua reprodutibilidade técnica* que a "estetização da política" é um importante aspecto do fascismo.[37] Ele se referiu à refinada construção que consiste em separar a necessidade de sua expressão; adornar abundantemente com meios estéticos a mera expressão e opor-se à necessidade e ao direito. Nas palavras de Benjamin: "O fascismo tenta organizar as massas proletarizadas recém-surgidas sem tocar as relações de propriedade, cuja eliminação elas exigem. Ele vê a sua salvação no ato de fazer que as massas se exprimam (de modo algum em defesa de seus direitos)". Numa nota de rodapé ele explica: "Nos grandes cortejos festivos, nos comícios gigantescos, nos eventos de massa de cunho esportivo e na guerra, transmitidos hoje através de um imenso aparato técnico, a massa olha o seu próprio rosto. Esse fenômeno, cujo alcance não precisamos acentuar, está intimamente relacionado com o desenvolvimento das técnicas de reprodução e de gravação. Em geral, a aparelhagem capta melhor os movimentos de massa que o olho humano".[38] Depois dessa nota de rodapé, o texto continua: "As massas têm o direito de mudar as relações de propriedade; o fascismo permite que estas se exprimam, mas conservando-as. Coerentemente, o fascismo tende a uma estetização da vida política".[39] Benjamin, no ensaio citado, mostrou-se fascinado, sobretudo, pela influência da tecnologia nos conteúdos e nas relações sociais. Por outro lado, ele negligencia as funções e formas econômicas – em seus discípulos posteriores, essa lacuna ameaçará engolir completamente os pressupostos da fundamentação econômica das análises. Nas passagens citadas conceitua-se a estetização fascista da política, como solução aparente da contradição das relações de propriedade e do "direito" das massas a uma mudança. A solução aparente consiste em encenar o prazer estético e a confrontação das massas com elas próprias, de uma maneira que sirva à preservação das relações de propriedade. Sem dúvida, Walter Benjamin viu acertadamente o contexto funcional da estetização e da consolidação da dominação. Contudo, é preciso aprofundar esse conhecimento. Depois de duas páginas a ordem das ideias já está ao menos esboçada:

1º Não é o aparato técnico que cria a linguagem de expressão das massas – ele atua somente onde se possa utilizar a mera cópia estética, enquanto amplificador. Mas o movimento próprio das massas, a luta do movimento operário por melhores salários, pela delimitação do dia de trabalho, contra o trabalho infantil, contra as demissões arbitrárias, pelo direito ao trabalho e – uma consequência mais cedo ou mais tarde obrigatória – pelo socialismo; esta luta de muitas gerações de trabalhadores que se desdobrou na grande indústria, com base em seu agrupamento economicamente condicionado, criou as múltiplas formas de expressão de que lançaram mão os ornamentadores do fascismo. Eles fizeram uma cópia estética do movimento operário, mesclando-a com adereços repletos de referências retrógradas pequeno-burguesas e camponesas à terra natal, ao sangue, à corporação profissional, ao carnaval, à Igreja e ao jogo solene; e organizaram tudo isso segundo os mais recentes conhecimentos, utilizando técnicas sociais testadas na indústria e no mercado e – sem esquecer – *made in USA*; em resumo: eles deram forma à esfera política, da qual se tiraram todos os processos decisórios, segundo o princípio do *Führer*, e da qual nada restou, a não ser o mero invólucro fantasmagórico, a sua exterioridade apresentada com muitíssimo luxo – eles deram a esse invólucro político permanente a forma de uma obra de arte total.

Aqui duas observações se fazem oportunas. A primeira refere-se ao posicionamento dos artistas: muitos obtiveram, então, trabalho, pão e fama, porque de repente passou a existir uma demanda do Estado por ornamentação, objetos de culto, encenações e representações de determinada espécie. Para muitos que antes haviam conhecido o horror da absoluta carência material, isso significou a redenção. O resultado histórico, contudo, foi aniquilador também para eles. A segunda observação refe-

CRÍTICA DA ESTÉTICA DA MERCADORIA 185

re-se à repercussão atual daquela gigantesca estetização da política despolitizada, apoiada sobretudo nas "usurpações da comuna" (Bloch). Na época, ela teve a função de subjugar politicamente os trabalhadores – nada mais que as massas de funcionários, pequenos burgueses e camponeses – mediante a fascinação estética, separando a expressão do movimento operário do próprio movimento operário e de seus objetivos, satisfazendo separadamente a mera necessidade de expressão. As usurpações superficiais junto aos comunistas eram, portanto, armas do anticomunismo e complementaram o êxito da Gestapo e dos campos de concentração. Hoje, depois do malogro do fascismo, aquela técnica de estetização anticomunista de então, estranhamente, continua viva: se hoje as organizações do movimento operário, ou seus simpatizantes, reutilizarem as velhas formas de expressão usurpadas temporariamente pelo fascismo no império alemão, a propaganda dos dominantes responderá com um estratagema refinado, quase inacessível para muitos. Como naturalmente muita coisa se assemelha à época dos fascistas – não é de admirar que estes tenham visado justamente à semelhança da superfície –, equipara-se agora a esquerda com os fascistas, já que o fascismo tornou-se desaconselhável. Na equiparação vermelho = marrom, a variante fascista do anticomunismo ainda cumpre a função de ludibriar as massas. Presas à superfície e com uma percepção aguda para efeitos, inteligências talentosas, como Günter Grass, caem bastante facilmente nessa estetização de segunda categoria, a fim de, então, continuar propagando-a com eficiência, conforme o seu talento.

2º A teoria de Benjamin da estetização da política pelo fascismo precisa ser aprofundada por um outro lado também. É que Benjamin não percebe a elevada categoria da mera aparência no capitalismo, resultante inevitável das relações econômicas básicas e dada inteiramente a partir da estrutura econômica da sociedade burguesa em situação normal – se é que se pode chamar de situação normal a sua constituição não fascista. Da troca, portanto, resulta – como já foi explicado – obrigatoriamente a estetização das mercadorias. Em todos os níveis do sistema da sociedade burguesa, é importante que os interesses vitais das pessoas *não* sejam o objetivo supremo, nem a meta determinante. À medida que nos diversos níveis da vida social surge a necessidade – conforme os relacionamentos sociais, em sua forma específica para estes níveis – de representar essas relações direta e, sobretudo, prestimosamente para as necessidades humanas vitais, irrompe do lado dos dominantes uma necessidade urgente de um tipo de expressão e encenação justificante que gera a seguinte aparência: as relações sociais serviram realmente às necessidades vitais de todos. Essa aparência deve expressar simplesmente a inexistência de classes, a justiça, o humanismo, o assistencialismo etc. E/ou ela deve considerar a subordinação, o serviço, o adestramento e o sacrifício como a suprema realização dada pela natureza. Toda expressão que tem a confiança – na linguagem do sistema, o crédito – das massas é atraída e copiada pelas ambições concretas que ela expressa. Portanto, realiza-se necessariamente uma mera abstração de expressão, e a estetização não passa disso. A atividade dos produtores estéticos vem ao encontro desta necessidade por si mesma, de acordo com a forma – e *não* de acordo com o conteúdo e a motivação subjetiva predeterminada.

A estetização não somente da política está, portanto, embutida nos fundamentos da sociedade burguesa. Faz parte dela gerar constantemente, de um lado, necessidades de legitimação dos dominantes e, de outro, necessidades dos dominados, cujo aspecto comum é que elas podem ser satisfeitas só aparentemente no âmbito do sistema capitalista e pelo sistema capitalista – e isso significa, entre outras coisas, a caminho da estetização. É preciso destacar aqui: nem tudo que é falsa aparência é engano – embora muita coisa seja. O complemento, sem o qual o engano social não funcionaria, é o autoengano. O engano consciente tecnicamente realizado – no qual hoje trustes gigantescos veem sua *ratio essendi* política e com o qual obtêm lucros – não funcionaria sem a autoilusão do comprador, por exemplo, do jornal *Bild*. A autoilusão, por sua vez, não funcionaria tão bem sem toda uma corrente de inúmeros intermediários da ilusão e da autoilusão.[40] Sem o ópio do povo não haveria o ópio para o povo. Podemos relacionar isso ao mundo do *hit parade*, como também – *mutatis mutandis* – à magia de Bayreuth e aos seus representativos festivais solenes, nos quais se encontram diante das lentes das câmeras o político dirigente, o grande industrial, o banqueiro e o general, e onde se mostram publicamente, portanto, as personificações do poder, da dominação e da violência num momento de apogeu da cultura.

Notas

1 Karl Marx, *Compêndios da crítica da economia política* (primeira versão), Berlim, 1953, p.198.
2 Cf. Kurt Steinhaus, Problemas da confrontação de sistemas na Alemanha pós-fascista, em *RFA-RDA, Comparação dos sistemas sociais*, Colônia, 1971, p.402-40.

CRÍTICA DA ESTÉTICA DA MERCADORIA 187

3 Karl Marx, *O Capital*, v.3, *Obras completas*, 25, p.623. No *Manifesto comunista* designa-se a exploração secundária, de acordo com a coisa, sem que ela seja limitada conceitualmente como tal, em relação à exploração na produção fundamental para o capitalismo: "Logo que a exploração do trabalhador pelo capitalista chega ao fim e ele recebe o seu salário em dinheiro, as outras partes da burguesia lançam-se sobre ele: o proprietário da casa, o merceeiro, o penhorista etc." (*Obras completas*, v.4 p.469).

4 *Frankfurter Allgemeine Zeitung*, 6.8.1971.

5 Cf. também o comentário "Anúncio equivocado" no caderno de economia do *Frankfurter Allgemeine Zeitung* de 2.10.1971. O ponto de partida aqui também é o conteúdo social de um anúncio, da perspectiva da tranquilidade e da ordem do capital. "Por que Helga P. sempre falta ao local de trabalho?", perguntou-se no anúncio. A resposta foi: "Porque geralmente ela está empenhada em reabastecer-se de chocolate x". O comentarista apropria-se do ponto de vista do capital disfarçando-o, contudo, como é cada vez mais comum, "há 70 anos em nosso país", enquanto ponto de vista das "colegas e dos colegas" obrigados "ainda a fazer" também o trabalho da faltosa. "Imaginar justamente estes tipos", conclui o comentário, "como promotores de uma determinada marca de chocolate é simplesmente inconcebível." "A questão conteudística continua aqui sem ser discutida. O importante em nosso contexto é que e como funcionam os mecanismos de um tipo de "autocontrole voluntário" do capital nas questões políticas e de classe e também na propaganda.

6 Desde a primeira publicação deste capítulo, o desenvolvimento acelerou-se nesta área também na RDA; neste ínterim organizaram-se "conselhos de sortimento". Entretanto, neste aspecto posso reportar-me apenas a uma notícia no *Frankfurter Allgemeine Zeitung* de 27.7.1971 (p.13), na qual se percebe com clareza como o redator se empenha para provocar incompreensões e equívocos. Mesmo assim, deduz-se da notícia que institucionalizaram na RDA um "procedimento mais democrático" no tocante às compras – e consequentemente também no tocante à condução da oferta – no comércio têxtil. "Um grêmio honorário, 'um conselho de sortimento', será organizado nas fábricas. A este conselho", cuja composição não informa, "caberá a última palavra sobre quais mercadorias devem ser oferecidas aos consumidores." O *FAZ* não desperdiça uma sílaba no significado social desta organização e esmera-se em fazê-la parecer não somente incompreensível, mas também indesejável, como causa de futuras "confusões" (ibidem).

7 Bertolt Brecht, "O processo dos três vinténs. Um experimento sociológico", em: *Escritos sobre Literatura e Arte I*, Frankfurt, 1967, p.171ss. Na continuidade deste raciocínio chega-se a conclusões atualíssimas acerca de como a arte pode representar a realidade. A ciência também necessita dessa arte, e as conclusões de Brecht, *mutatis mutandis*, também podem ser aplicadas a ela e à "arte" no sentido estrito. "Na realidade é preciso 'construir algo', algo 'artificial', 'colocado'. Portanto, a arte também é realmente necessária. Mas o antigo conceito de arte desaparece a partir da experiência. Pois quem dá da realidade somente o que se pode vivenciar nela não a reproduz em si. Há muito ela deixou de ser vivenciável na totalidade ... Vocês não reconhecerão mais os frutos pelo sabor" (op. cit.).

8 Karl Marx e Friedrich Engels, *Ideologia alemã, Obras completas*, v.3, p.35.

9 Karl Marx, *O Capital*, v.1, *Obras completas*, 23, p.89.

10 Bertolt Brecht, *Os sete pecados capitais do pequeno burguês*, 1933, em: *Poesias* III, Frankfurt, p.151, 146ss.

11 *Obras completas*, volume complementar, parte I, p.546ss.

12 O fabricante capitalista de meias-calças finas, Fritz-Karl Schulte, coloca, nas embalagens de suas mercadorias e na propaganda delas, quadris e pernas femininas altamente atraentes e eróticos, mas não se deixa conduzir pelo amor às mulheres. "Tenho", expressou ele, "uma relação quase erótica com o dinheiro." O seu assessor completou, provavelmente sem conhecer a formulação análoga de Brecht sobre os Tuis: "Ele pensa mais com a barriga do que com a cabeça". Isto significa: ele personifica o seu capital com o corpo e a alma. Ele transformou os seus sentidos e impulsos – mesmo os eróticos – nos do capital. – Cf. *Der Spiegel*, n.5, 1971, p.56.

13 *O Capital*, v.I, *Obras completas*, 23, p.147.

14 Ibidem.

15 Ibidem.

16 "A guerra, e somente a guerra, possibilita dar um objetivo aos movimentos de massa de grandes proporções, sem prejudicar as relações tradicionais de propriedade." E: "Somente a guerra possibilita mobilizar todos os recursos técnicos atuais sem prejudicar as relações de propriedade" (Walter Benjamin, A obra de arte na época de sua reprodutibilidade técnica, em: *Iluminações. Textos escolhidos*, Frankfurt, 1961, p.175.) No tocante ao fascismo, compare o 7º capítulo dessa parte.

17 Os autores do volume *Manipulação – A indústria da consciência monopolista-estatal* (Berlim/RDA, 1969) assumem o conceito "indústria cultural" (cf., por exemplo, p.333). Eles assumem também, como o subtítulo comprova, o conceito "indústria da consciência", concebido polemicamente contra o conceito "indústria cultural", e que portanto não pode ser simplesmente trocado por este sem discussões. Além disso, Enzensberger criou este conceito no âmbito de uma teoria do totalitarismo que oscilava entre a equiparação do fascismo ao comunismo, e das "sociedades industrializadas" capitalistas e socialistas. Além do mais, ele o relaciona com um curioso "conceito de exploração imaterial" que superou a exploração material do trabalhador (cf. Hans Magnus Enzensberger, *Pormenores I – Indústria da consciência*, Frankfurt, 1969, p.7-17). Em resumo: os instrumentos conceituais necessitam de uma revisão crítica. Para o objetivo da presente pesquisa, o conceito provisório de indústria da ilusão – chamado também de indústria da distração – deve ser suficiente.

18 Citado segundo Wolfram Schüttter, Vida e amor entre homens, em: *Frankfurter Rundschau*, 5.12.1968. O artigo aborda o filme *Red River*.

19 Jeans-Ulrich Davids, *O romance de faroeste na Alemanha Ocidental*. Cf. *Der Tagesspiegel*, 30.5.1971. Bastante elucidativa é a composição dos leitores: como está registrado no *Tagesspiegel*, esse tipo de leitura "é um hábito de todas as classes sociais com uma leve diminuição da frequência de leitura 'nas classes superiores'. A maioria dos leitores tem entre 16 e 20 anos. Em seguida, vêm os de 11 a 15 anos. A faixa etária entre 21 e 30 anos forma o terceiro maior círculo de leitores assíduos. Depois dos 30, o prazer na leitura de romances de faroeste diminui consideravelmente".

CRÍTICA DA ESTÉTICA DA MERCADORIA

20 Os autores do volume *Manipulação* acentuam: "A literatura imperialista de massa é extraordinariamente eficaz junto ao público..." (op. cit., p.305); eles não avançam na análise dessa eficácia, porém, quando não se pretende considerar como tais expressões do tipo "o belo mundo dos sonhos" (p.308) ou a aptidão de "tocar os baixos instintos" (p.325). É mais lamentável ainda quando os autores destacam nesta "pseudoliteratura": "Ela não é 'pura e simplesmente um embuste'" (p.311). Para poder opor-se à sua influência é preciso conceituar as suas possibilidades de atuação.

21 "A cultura imperialista de massa penetra nestas ilusões humanas. Ela cria em suas obras uma 'segunda realidade', um mundo de aparências purificado pelas contradições sociais ...", ela produz "ilusões sociais" (*Manipulação...*, op. cit., p.331). Nesse sentido falo, então, de "soluções aparentes" e "indústria da ilusão". Além disso, porém, tento descobrir o tipo e a eficácia dessas ilusões. A energia que se satisfaz nelas em ser chamada potencialmente de socialista contém uma proposta de interpretação das obras da indústria da ilusão: justamente naquilo que é recebido de maneira mais intensa, elas se deixam conceituar como substituto ilusório, e com a meta deslocada, do socialismo. Uma tal interpretação preserva o segredo da eficácia sobre as massas, ao passo que a crítica se dirige contra o caráter substitutivo e aparente. Um tal procedimento pode ser chamado de "hermenêutica da negação determinada", porque não rejeita simplesmente o que foi interpretado criticamente, mas associa-se com o conteúdo eficaz da ilusão conduzindo o interesse para a sua concretibilidade.

22 Cf. a demonstração pormenorizada na parte III, nota 7.

23 Citado segundo Willhelm Genazino, Lírica onde ninguém a supõe. A linguagem literária na propaganda e a autoestima dos poetas, *Frakfurter Allgemeine Zeitung*, 23.7.1971, p.24.

24 Wellershoff, op. cit.

25 Ibidem. "Quem hoje folheia a seção de anúncios de nosso jornal ilustrado comprova atônito que a propaganda começou a 'poetar'." A lírica da mercadoria "recorre a formas que até agora eram formas exclusivas da literatura".

26 Citado também segundo Genazino, op. cit.

27 *Blick durck die Wirtschaft*, 6.10.1971, p.5. "Para a Salamander, há muitos anos algo está errado" (apontamentos da assembleia geral).

28 Genazino, op. cit.

29 Ibidem.

30 Dieter Hülsmanns e Friedolin (Org.) *O começo de todos os desejos. O sétimo livro da propaganda. Stierstadt*, 1971.

31 De acordo com a reação condicionada em parte pelo processo Bührle, por causa de exportação ilegal de material bélico, o faturamento do truste aumentou abruptamente de 1969 (817 milhões de francos) para 1970 (1.024 bilhão de francos) em 25,4%, sobretudo em virtude de um incremento vertiginoso do comércio de armas – e também graças a uma grande encomenda das forças armadas da Alemanha Ocidental. A cota de material bélico no faturamento para 1970 está prevista em 27%, perante os 21,6% do ano anterior. Contudo, é de supor que outras cotas do faturamento se devam indiretamente ao material bélico. De resto, existe apenas um balanço da

190 WOLFGANG FRITZ HAUG

Oerlikon-Bührle Holding S. A., Zurique, que não inclui o núcleo do truste, a fábrica de máquinas de ferramentas Oerlikon" (cf. *Blick durch die Wirtschaft*, 12.11.1971, p.5: "O comércio de armas continua sendo um vigoroso pilar na Bührle").

32 Friedrich Dürrenmatt, *Grego procura grega. Uma comédia em prosa*, Berlim Ocidental, p.49-51.

33 O depoimento aparece em um relatório acadêmico de Jochen Müller, em: *Nova Coletânea*, caderno 3, 1969, p.217-21.

34 *Frankfurter Rundschau*, 15.5.1971.

35 Ibidem.

36 Se, contudo, um pequeno acionista protestar numa assembleia, no tocante ao que ele formalmente tem a possibilidade e o direito, pode ocorrer então que ele seja levado a calar-se com música do *hit parade*, tal como aconteceu na última assembleia geral do truste VEBA. "Quando o tumulto dos acionistas contra o colega ultrapassou os limites, Birnbaum" – na época o presidente do conselho fiscal – "fez uso de uma nova arma. Num volume altíssimo começaram a tocar por todos os alto-falantes músicas do *hit parade*. Exatamente quando o oponente mais esbravejava, ouvia-se a canção da lua sobre Nápoles. Após alguns minutos, o acionista agitado, incapaz de falar mais alto, desistiu. Os participantes sentaram-se novamente, e alguns gesticularam compassadamente" (*Frankfurter Allgemeine Zeitung*, caderno de economia, 21.8.1971.)

37 Walter Benjamin, op. cit., p.175.

38 Ibidem, p.184.

39 Ibidem, p.174ss.

40 Marx, numa observação secundária, mencionou esta mescla de engano e autoengano, do engano apenas possível através do autoengano daquele que o espalha às pessoas, em relação aos filósofos e economistas burgueses. No segundo volume de *O Capital* lê-se: "A etiqueta de um sistema" – tal coisa não passa daquilo que hoje, no estado de sua completa evolução, pode ser conceituado como apresentação segundo a estética da mercadoria – "a etiqueta do sistema distingue-se daquela de outros artigos, entre outras coisas, porque ela não somente trapaceia o comprador, mas muitas vezes o vendedor também. O próprio Quesnay e seus discípulos mais próximos acreditavam na tabuleta feudal dela" – uma forma antiga de propaganda. "E assim foram até o presente momento os nossos eruditos" (*Obras completas*, 24, p.360.)

APÊNDICE

1 Resposta a uma pesquisa do Centro Internacional de Design

Qual deveria ser a configuração de nosso meio ambiente para que ele merecesse o epíteto humano?

Meio ambiente significa: a segunda natureza. Quem ainda fala de meio ambiente abriu mão de muita coisa ou faz-se de bobo, a fim de agradar aos poderosos. Meio ambiente é o mundo do qual não temos nada a dizer e no qual devemos nos movimentar como animais na selva – ou no jardim zoológico. Se o meio ambiente, na opinião das pessoas, merece o epíteto humano, significa então que elas se resignaram com a luta pela existência. Então – permanecendo ainda com a imagem do jardim zoológico – é uma jaula agradavelmente disfarçada num aparente cercado natural.

O nosso mundo foi usurpado pelo capital que se utiliza de e domina a ele e a nós. A fome de lucros dos grandes capitais transforma o mundo em uma aglomeração de mercadorias, terrenos privados e montes de lixo; nesse meio, um setor "público" deplorável, reiteradamente subordinado aos interesses do capital. Não existe nenhum planejamento eficaz realizado no interesse de toda a população. Enquanto a produção e a distribuição forem reguladas capitalisticamente, não pode haver planejamento embasado em um interesse que mereça o epíteto humano.

O que as pessoas precisam, consomem e utilizam; onde elas moram, se movimentam e satisfazem as suas necessidades; como organizam a sua vida, se instalam, se vestem, se embelezam, veem beleza nas outras e as desejam: a totalidade das coisas, dos terrenos e das pessoas é dominada, explorada e configurada pelo interesse capitalista. O único *design* – portanto, o único planejamento – que importa ao capital é a ânsia de lucro. As coisas, o país e as pessoas são constantemente triturados pela máquina de moer do capital.

Neste caso, que funções cabem ao design?

No ambiente capitalista cabe ao *design* uma função que se pode comparar à função da Cruz Vermelha durante a guerra. Ele cuida de algumas poucas – jamais as piores – feridas causadas pelo capitalismo. Ele trata do rosto e, embelezando alguns pontos e mantendo o moral elevado, prolonga o capitalismo, tal como a Cruz Vermelha fez com a guerra. O *design* mantém assim a organização geral, por meio de uma configuração especial. Ele é responsável pelas questões da apresentação em geral, e da apresentação do meio ambiente. Para tais funções, o fascismo alemão instituiu toda uma série de departamentos públicos, por exemplo, o Departamento para a Beleza do Trabalho. Desse modo, o *design* tem funções políticas. Ao apresentar as mercadorias, ele promove a sua vendabilidade assumindo assim diretamente uma função de valorização do capital. (Por que não há nenhuma palavra a esse respeito no prospecto da IDZ?)

Na sua opinião, em que a disciplina que o senhor defende pode contribuir para o esclarecimento dos problemas?

A contribuição da filosofia poderia consistir em esforços que poderíamos comparar a um detector de mentiras social. Em nossa sociedade, a mão esquerda não pode saber o que a direita faz. A filosofia poderia levá-la a expressar isso.

A apresentação não aparenta a função que tem. Portanto, deve-se sempre dizer: esta é a função e este é o contexto.

O grande problema é: como reconstruiremos o mundo fazendo dele um lar? Isso pode acontecer mediante a socialização da economia e o planejamento comum do trabalho social.

2 De um posfácio para a edição sueca

... A par do interesse interdisciplinar material e metodológico havia o interesse político, que levou sobretudo os agrupamentos de esquerda de direções diversas a se ocuparem com essa teoria, examinando-a de maneira mais ou menos intensiva, muitas vezes de maneira grandiosamente desconfiada.

Com toda a variedade e até mesmo contraditoriedade da assimilação, é possível perceber hoje, a distância, alguns equívocos que muitos partidários dividem com muitos adversários. Em parte são, seguramente, visões desfocadas de meu texto que vieram ao encontro de tais equívocos. Por isso, para a edição sueca, elucidei o texto ao menos nos pontos-chave, decisivos, ou seja, eliminei os erros diretos. Talvez seja útil, além disso, mencionar os principais equívocos, na esperança de poupar alguns descaminhos ao leitor sueco.

Muitas avaliações positivas e negativas da *Crítica da estética da mercadoria* estavam fundamentadas num equívoco exagerado de sua pretensão. O livro foi recebido como se fosse um tipo de análise total da sociedade capitalista avançada e pretendesse sugerir novas estratégias ao movimento operário – ou pelo menos uma nova perspectiva prática à classe profissional do *designer*. Tais pretensões extrapolam completamente a possível utilidade deste livro. A estética da mercadoria é apenas *um* contexto funcional, *um* aspecto de nossa realidade social ao lado de outras. A análise da estética da mercadoria põe à disposição *conhecimentos parciais, contribuições* para a compreensão desta realidade social – e naturalmente também para a fundamentação ou melhoria da orientação e estratégia do movimento progressista. Ao absolutizarmos esse aspecto, tudo se confunde. Então, por exemplo, (erroneamente) pode parecer – o que de fato criticou-se neste livro, entre outras coisas – que a *Crítica da estética da mercadoria* desperte ilusões sobre uma "aliança de consumidores de classe não específica" ou – uma outra crítica, vinda de um outro lado – que ela simplesmente amaldiçoe o aspecto estético, e outros equívocos semelhantes.[1]

Aos equívocos juntaram-se as deturpações conscientes do lado interessado. Quando, por exemplo, em 1972, preparou-se um filme para a televisão com o título *Der schöne Schein der Ware* (*A aparência bela da mercadoria*), apoiado (infelizmente com erros terríveis) na *Crítica da estética da mercadoria*, a Comissão Central de Economia Publicitária pediu a palavra:

> Recentemente, este livro foi bastante utilizado por críticos publicitários. Em breve, ele será aproveitado também para um programa de televisão. Por isso, é bom destacar claramente o que o autor assinalou numa observação (impressa em letras bem pequenas) na página 147: A falta de determinação funcional da estética da mercadoria, no âmbito do processo capitalista global, levou nestes ensaios a um destaque superdimensionado de aspectos psicológicos. Isto me conduziu à superestimação hoje tão difundida da manipulabilidade irracional ... Sobretudo o primeiro dos dois ensaios parte de pressupostos econômicos vagos e erroneamente avaliados.[2]

Um pequeno caso exemplar de manipulação! A Comissão Central de Economia Publicitária pôs de permeio uma coletânea de meus ensaios anteriores,[3] dando a impressão que minha autocrítica, válida para os ensaios publicados dez anos antes, dirigia-se contra as posições defendidas na *Crítica da estética da mercadoria*, na qual, por sua vez, o filme se apoiava. E, então, percebeu-se talvez que a autocrítica realmente não seria um indício de fraqueza ou improbabilidade e – a fim de anular esse efeito colateral indesejado – apresentou-se a referência às famigeradas "letras pequenas", sugerindo práticas comerciais duvidosas, bem conhecidas dos contratos de compra e de locação! Assim, precisou-se, sem dúvida, procurar muito até deparar exatamente com a nota de rodapé citada. Se não se tivesse de pescar em águas turvas, teria sido mais fácil. Para que cada leitor possa se convencer, critiquei meus ensaios anteriores bastante pormenorizadamente (e com letras bem grandes), tanto no Posfácio da-

CRÍTICA DA ESTÉTICA DA MERCADORIA 197

quela coletânea de ensaios como também nas duas primeiras páginas do Prefácio da *Crítica da estética da mercadoria*. Por isso, essa autocrítica pode ser colocada com toda segurança no início, porque a *Crítica da estética da mercadoria* representa um avanço fundamental perante os ensaios anteriores, e porque dificilmente poder-se-á censurá-la pela falta de "determinação funcional da estética da mercadoria, no âmbito do processo capitalista global". Afinal, o seu cerne, que fez dela um paradigma interdisciplinar, é a *derivação econômica* do contexto de atuação da estética da mercadoria.

Um grande jornal burguês representativo na Alemanha Ocidental contribuiu com sua "refutação". Por ocasião da discussão sobre um livro cujo autor se aventurara a criticar minha teoria,[4] ele imputou-me (erroneamente) a afirmação de que a estética da mercadoria seria um meio contra crises econômicas; a seguir verificou (corretamente) que havia atualmente uma crise econômica nos países capitalistas industrializados; em seguida constatou (outra vez de maneira absolutamente correta): esta "dinâmica da crise não deve ser enfrentada com a promoção de vendas, no sentido da estética da mercadoria". E, por fim, conclui mordazmente afirmando que os fundamentos de minha teoria são equivocados. A conclusão é academicamente legítima – somente a imputação inicial relativa à imbecilização do público é falsa. Para completar, acrescentou-se uma outra "prova" concludente (atenção, caro leitor!): "O desemprego crescente de *designers* e publicitários prova drasticamente ... que os fundamentos da teoria de Haug estão superados". Do mesmo modo, poderíamos concluir que – pelo fato de milhares de professores deixarem de ser contratados, em virtude de escassez de financiamentos estatais – as crianças já estariam suficientemente formadas ou que as salas de aula não estivessem mais superlotadas. Mas o que significa "poderíamos"? – isso realmente está sendo feito! A fim de atribuir um sucesso absoluto a essa tentativa de "colocar a crítica procedente da estética da mercadoria nos limites de sua época de surgimento – os anos 60 – enterrando-a, portanto, no passado, trouxe-se uma grande coroa de louros ao enterro só para distrair, com os seguintes dizeres: como "cerne" dessa teoria guardemos o "mérito" de ter esboçado "com sensibilidade poética uma historiografia moderna dos sentidos humanos e de sua deterioração". Sob essa coroa honrosa oculta-se um grande problema: desviar-se do verdadeiro cerne da crítica da estética da mercadoria, ou seja, sua derivação econômica e análise funcional. Se assim se abre um dos acessos à socioanálise e à história da sensibilidade no capitalismo, que seja não com "sensibilidade poética", mas com o método da derivação econômica. Por isso, o leitor deveria considerá-la e examiná-la com atenção. E ele verá que os fundamentos da estética da mercadoria são tão pouco superados pela crise econômica quanto os fundamentos das formas econômicas da mercadoria, do dinheiro e do capital. A estética da mercadoria não surge no nível estatal da política econômica, mas no nível da relação privada dinheiro/mercadoria. Ela irrompe na troca simples, desenvolve-se com a produção privada de mercadorias e ganha uma enorme importância, em seu estágio monopolista-capitalista, na estética particular da mercadoria monopolizada. As dificuldades de venda não a rechaçam, mas a estimulam, tornando-a fundamental para a sobrevivência de cada empresa produtora de mercadorias. Por isso, o mesmo grande jornal burguês, na mesma época em que classificou de superada a *Crítica da estética da mercadoria*, pôde publicar em seu caderno de economia uma sucessão de informações sobre a inovação estética impulsionada por meio da concorrência, agravada por sua vez pela crise. Empresas isoladas e setores inteiros tentam agora alcançar, "mediante impulsos... da moda, uma nova ascensão", fazendo "surgir da nova moda impulsos de compra"[5] e minando mutuamente o terreno, ou seja, atribuindo à crise o papel de vilã. Por exemplo, em virtude da crise de vendas, o truste Volkswagen também tentou, a toda pressa, criar "impulsos de compra", através da ampla inovação estética de seus modelos – aliás, com êxito. Naturalmente, a crise da economia global é levemente modificada, mas de modo algum remediada pelos esforços da concorrência entre as empresas – e entre os setores em torno da distribuição setorial da verba de consumo. A sociedade capitalista não vai escapar de uma compra assim fácil! Mas é óbvio que a estética da mercadoria não é absolutamente um fenômeno luxuriante de uma "sociedade da fartura", mas uma função normal, necessária e inerente à compra e à venda. Pode-se dizer dela o que Marx disse das determinações básicas do capital: ela irrompe da "natureza interior" das relações econômicas fundamentais e, portanto, também do capital, sendo, ao mesmo tempo, agregada pela concorrência ao capital individual, enquanto "lei coercitiva externa". Reconhecendo-a, reconhece-se um aspecto essencial das relações sociais da produção privada de mercadorias.

Instruído pelos equívocos e familiarizado com os truques mais ou menos manipuladores por parte do capital, eu escreveria hoje o livro de modo diferente, com maior sistemática e destacando melhor a derivação

CRÍTICA DA ESTÉTICA DA MERCADORIA

econômica. Teria de preencher também lacunas sobretudo onde abordo a transição da produção pré-capitalista de mercadorias para a produção capitalista. Além disso, teria de sistematizar melhor o questionamento da estética da mercadoria acerca da "mercadoria força de trabalho", feito na Terceira Parte e usando o exemplo da equipe de vendas. Entretanto, essas lacunas devem ser preenchidas independentemente pelo leitor, à medida que ele for dominando a área econômica.

No Prefácio escrevi que, em *O Capital* de Marx, em sua *Crítica da economia política*, já estão prontos os conceitos e análises funcionais sobre os quais a *Crítica da estética da mercadoria* pôde se estruturar. O leitor ideal, por conseguinte, é aquele no qual se pode pressupor conhecimentos de *O Capital*. A história da recepção deixou claro que, nesse sentido, a compreensão assenta-se infelizmente numa base frágil. O melhor nisso tudo é que muitos leitores foram motivados, pela leitura deste livro, a assimilar conhecimentos de *O Capital*. Não pretendo esconder que sou da opinião de que, ao tentarmos analisar a nossa sociedade em todos os seus aspectos essenciais, não compreenderemos muita coisa se não assimilarmos ao menos as conquistas científicas fundamentais da *Crítica da economia política*. O presente livro poderia atestar que a *aplicação* e o *aperfeiçoamento* criativo desses instrumentos teóricos não têm nada em comum com as longas citações encontradas em certos livros que pretendem substituir o olhar sobre a realidade pelo olhar sobre determinados livros – certamente muito bons. A aplicação e o aperfeiçoamento daqueles conhecimentos básicos podem realizar-se única e exclusivamente no próprio material. Contudo, isso passa completamente ao largo da coisa quando se elogiam e se reconhecem "as citações e exemplos expressivos e atuais" – como fizeram alguns críticos liberais – em resumo, o enfoque dado ao material, mas querendo eliminar a herança de Marx. "A análise de Haug seria substancialmente mais convincente", escreveu um jornal liberal, "se ele tivesse deixado de lado a maior parte das citações encontradas em Marx."[6] Ainda que eu não tivesse citado Marx uma única vez, o método e o enfoque dado ao material, reconhecidos, aliás, pelo mesmo jornal, continuariam devendo o essencial a *O Capital* de Marx. Recentemente, tentei, numa introdução especial de *O Capital*, demonstrar as conquistas metodológicas e os conhecimentos básicos concernentes ao contexto social, tal como aparecem singularmente na obra principal de Marx, de uma maneira que, ao mesmo tempo, facilitasse a recepção e trouxesse à luz a utilidade real-analítica atual, tornando-se, portanto, independente de citações.[7] Talvez assim aumente com o tempo o número de "leitores ideais" do presente livro.

Ao pretendermos designar o que de principal deve o presente livro à *Crítica da economia política* de Marx, deparamos com um contexto passível de se expressar de diferentes ângulos – todos, porém, inter-relacionados. Primeiramente é preciso mencionar o acesso genético, depois o procedimento da "análise lógica" das funções e formas econômicas; os dois aspectos juntos permitem determinar a estética da mercadoria, inicialmente, como objeto unitário para, em seguida, compreender o seu desenvolvimento, bem como a sua diferenciação, junto com o seu contexto interno. A objeção feita, de diversos lados, contra a *Crítica da estética da mercadoria*, de que ela "parte da circulação em vez de da produção", encontra a sua resposta neste método, que parte das formas econômicas específicas para relações determinadas de produção e de sua dinâmica. Como terceiro aspecto, é preciso mencionar a solução da famosa "questão da intermediação", ou seja, a intermediação entre o econômico e o estético; ela também tem o seu paradigma histórico-científico na análise marxista da forma de valor.[8]

Imediatamente se evidencia o que se pode conseguir com a ajuda do procedimento aqui mencionado de modo sucinto se o compararmos, no tocante ao pressuposto e ao resultado, com outros procedimentos. Com esse objetivo menciono o livro, presumivelmente muitíssimo lido, cujo tema se aproxima bastante do presente livro: trata-se do *Hidden Persuaders* (*Sedutores secretos*) de Vance Packard. Ele pode substituir uma estante inteira de livros com o mesmo tema. Packard soluciona a questão do princípio e do procedimento de maneira bem desenvolta e jornalístico-ingênua. Ele relata a "aplicação da psicologia de massas nas campanhas publicitárias". Para isso, compila as declarações de representantes da indústria publicitária, sem distinguir entre intenção e realidade, e essas declarações compõem uma imagem do ataque revoltante contra o indivíduo racional. Desse modo, segundo os critérios liberais, ele faz, na verdade, um bom trabalho jornalístico, mas o seu objeto está determinado mais por uma suspeita moral do que por uma análise objetiva. Sobre a essência da propaganda e de suas campanhas, por exemplo, nem sequer se reflete. Nesses pressupostos ocultos, as questões essenciais já estão decididas de antemão. Desde o princípio supõe-se, sobretudo, que haja bons e maus publicitários, uma normalidade incontestável e abusos moralmente recusáveis:

CRÍTICA DA ESTÉTICA DA MERCADORIA 201

Já que nos ocupamos aqui com aquela espécie de formadores de opinião conhecidos no mundo especializado como "bitolado profundo", uma grande parte do livro é dedicada à sua atuação subterrânea. Por isso gostaria de destacar claramente: muitos especialistas em publicidade, publicitários ... e dirigentes políticos – realmente a maioria preponderante – continuam fazendo um trabalho honesto e nos veem (quer sejamos ou não) como cidadãos sensatos. Eles cumprem em nossa sociedade uma função importante e construtiva. A propaganda desempenha, por exemplo, um papel vital, não somente na evolução de nosso crescimento econômico, mas ela é também um aspecto vistoso e recreativo da vida americana, e muitas criações publicitárias são trabalhos artísticos honestos e de bom gosto.

Com isso, desvia-se de antemão a indignação com os abusos cuja relação com o capitalismo habitual está totalmente descartada; nem sequer se toca no verdadeiro contexto de atuação.

A *Crítica da estética da mercadoria*, por sua vez, soluciona a questão do princípio e da determinação do objeto, averiguando o surgimento e o desenvolvimento desde a sua origem. Basta um olhar desenvolto sobre as formas de transação social mais simples da troca, conhecidas por todo os membros de nossa sociedade – seja como brincadeira infantil ou fenômeno secundário, seja da experiência cotidiana – para reconhecer a lei básica da estética da mercadoria: ou seja, que a motivação para a troca, ou melhor, a compra, é determinada pela "promessa estética do valor de uso", isto é, pelo valor de uso que eu subjetivamente prometo a mim mesmo, em virtude daquilo que a mercadoria objetivamente me promete. É esse o ponto de partida e a forma embrionária da qual se desdobrou o reino cada vez mais complexo da aparência da estética da mercadoria, e continua se desdobrando diariamente. A fim de assimilar e analisar o desenvolvimento desse reino da aparência, é necessário apenas estudar, muito atentamente, os pontos de vista presentes nas relações de interesse que lhe servem de base, a resolução de seu contrário e as armas aí utilizadas. Para isso não é necessária nenhuma outra moral a não ser aquela da honestidade científica e, portanto, da revelação crua das conexões tal como são. Entretanto, nessa área, a mera análise daquilo que é aciona as "fúrias da propriedade privada", ou seja, as manobras daqueles que temem a luz da esfera pública, logo que esta ilumina as suas práticas...

3 Explanação sobre a derivação econômica e a contraditoriedade da estética da mercadoria

Se a derivação econômica é o cerne teórico da *Crítica da estética da mercadoria*, o não entendimento desse processo é o ponto principal, em torno do qual gravita a maioria das interpretações equivocadas.

Dos críticos "burgueses" não espero nenhuma compreensão do método materialista de Marx. Contudo, surpreendi-me quando muitos autores, veladamente simpáticos ao capital, mostraram uma compreensão maior que muitos de "esquerda". O "esquerdista" Michael Buselmeier, por exemplo, examinou rapidamente a direção do vento no geral e no particular e informou: a crítica da estética da mercadoria defende "a linha marxista soviética".[9] A princípio nos espantou, pois na (múltipla) literatura soviética (talvez *ainda*) dificilmente se mostra compreensão no tocante a esse assunto e à sua análise específica. Contudo, Buselmeier não pretendia absolutamente constatar os fatos, mas lançar um veredito que, nas circunstâncias dadas na Alemanha Ocidental, tem um significado ameaçador. Brecht o teria chamado, por isso, de "réptil".[10] Não obstante, tal perfídia gravita em torno de uma incompreensão do método e da prática. Vejamos do que Buselmeier se ressente em meu método: "Haug analisa apenas a instrumentalização das necessidades e dos valores de uso para ... a valorização do capital" – só isso! Aqui vai a concepção de Buselmeier acerca do procedimento verdadeiramente marxista: trata-se de descrever "o conteúdo dessas necessidades" e "descrever experimentalmente a consciência coisificada". Evidentemente, para Buselmeier, o marxismo é sobretudo um método descritivo; ele considera a análise das

CRÍTICA DA ESTÉTICA DA MERCADORIA 203

conexões funcionais da valorização do capital um procedimento especificamente soviético. Qualquer leitor que se lembrar de que na *Crítica da estética da mercadoria* a junção completamente contraditória dos instintos e sensualidade humana às relações sociais capitalistas é algo deduzido, com espanto tomará conhecimento da conclusão de Buselmeier: "O *específico* da sensualidade no capitalismo, a sua estrutura *contraditória* não é compreendida".

A crítica seguinte, entretanto, atinge-me com razão, pois na realidade não impingi ao leitor quaisquer "possibilidades de explodir o sistema, existentes na esfera da sensualidade". Mostrei que todos os elementos do contexto da estética da mercadoria – portanto, também a sensualidade humana, desde que estabeleça relações recíprocas com a estética da mercadoria – permanecem ambíguos e que o aspecto contraditório nesse nível nem se resolve, nem vai pelos ares. Independentemente da orientação, parece-me importante manter-se preso à compreensão da contraditoriedade e, portanto, não se perder em pesadelos de apropriação absoluta, nem em ilusões capazes de explodir o sistema. Por exemplo – como formulei na *Crítica da estética da mercadoria* –, "o interesse da liberdade na instância do sexual devia ser considerado apenas como fraquíssimo e submetido a uma ambivalência constante, não sendo possível prever que importância emancipadora seria algum dia mais forte que a da apropriação".[11] O que agrada a um... O outro lado, que se autodenomina "comunista" e considera como política revolucionária imitar determinadas manifestações do KDP (Partido Comunista Alemão) da época de Weimar, atribuiu-me injustamente exatamente aquilo de que Buselmeier com razão se ressentiu em mim: eu teria pretendido "demonstrar uma dialética explosiva na esfera de consumo capitalista".[12] Friedrich Rothe, autor da frase, ao se confrontar com meus textos, não só teve êxito por fechar os olhos, a ponto de ver apenas espantalhados, mas também demonstrou bastante incompreensão daquilo que ele mesmo disse que realmente não vale a pena entrar em pormenores. Se ele pensasse diferente, teria muita dificuldade de estar num agrupamento que, já em 1971 em seu órgão Rote Presse-Korrespondez (Correspondência da Imprensa Vermelha) abusou do cabaré involuntário, e de citar a *Crítica da estética da mercadoria* como uma espécie de "voz representativa do revisionismo". Enquanto Friedrich Rothe atribui-me a palavra-de-ordem--revolução-oriunda-do-consumo, Detlef Michel, por sua vez, do mesmo lado político, afirmou o contrário: "A aparição bela torna-se a força motriz que subjuga inteiramente as massas e forma a causa da situação social".[13] Em vez das "massas inteiramente subjugadas", que me soa pretensioso (e que naturalmente não existe), Michel vê, na fraseologia ilusionista, o proletariado com total consciência de classe (que atualmente quase não existe, pelo menos no RFA). A coisa realmente tem a sua lógica. Ao analisarmos um fenômeno básico contraditório, alguns veem – segundo sua respectiva opção política – apenas um lado, enquanto outros, apenas o outro; eles exclamam o contrário e mostram-se de certo modo incapazes de uma dialética imprescindível para o movimento social, caso ele não se meta continuamente em becos sem saída. Seria supérfluo demonstrar que Michel, em seu cego zelo agitador, vê nos pontos decisivos simplesmente o contrário do que realmente foi executado. Mas, mesmo assim, é interessante o que ele propõe como método materialista correto: "Uma análise materialista do conteúdo dos anúncios, de sua estética etc., bem como do conteúdo da cultura burguesa de massa, teria, portanto, de partir das condições de vida e de trabalho das massas, da situação das organizações proletárias e da consciência de classe". Não tenho nada contra análises conteudísticas concretas! Mas elas só são possíveis – quando o materialismo vulgar compreenderá isso afinal? – sobre a base de uma derivação econômica do objeto e da conceitualidade; o mesmo que Marx expôs em O Capital. Rothe, Michel e *tutti quanti* poderiam primeiro consultar O Capital, lá onde são tratadas as condições de vida e de trabalho do proletariado; talvez eles quebrem a cabeça tentando descobrir por que Marx não as usou como ponto de partida.

Uma das vantagens imprescindíveis que a derivação econômica coloca no campo da estética da mercadoria é o entendimento da contraditoriedade dos fenômenos. Por vezes, muita coisa depende desse entendimento. Quem não consegue, oscila entre a ilusão e o pesadelo. Isso leva a comportamentos contrários e de certo modo equivocados, capazes de provocar derrotas aniquilantes, se absolutizarmos um dos dois lados da contradição. Se hoje uma alternativa correspondente (equivocada) se chama culto ao proletariado, *underground*, "nova sensibilidade" etc., a coisa nos anos 50 e 60 na RFA era um pouco diferente. Para muitos, a classe trabalhadora – a caminho do milagre econômico e de um nível crescente de consumo material – parecia "finalmente integrada", e a contraditoriedade do sistema capitalista parecia estabilizada. "A dialética está pendente", pôde escrever Adorno proclamando a vitória do absurdismo sobre o socialismo.[14] O mesmo – com outras palavras – afirmou Herbert Marcuse sob os aplausos do movimento estudantil. Numa situação na qual se atribuía a estagnação definitiva do movimento social ao consumo material, à estética da mercadoria e a outras técnicas e dimensões de manipulação, o importante era demonstrar que de modo algum a contradição básica do sistema estava presente na produção e consumo de mercadoria, bem como na estética da mercadoria – apesar de toda solução aparente –, e que as formas de manifestação, através das quais ela se expressa, estavam no máximo modificadas. Que a dialética não está "pendente" é algo quase impossível de não se notar, neste ínterim, na Alemanha Ocidental. Todo um conjunto de ideologemas, presos à aparente paralisação do mundo na era Adenauer, enfraqueceu-se tornando-se assim mais eficaz do que pretenderam todas as críticas ideológicas. Mesmo aquelas máximas, por exemplo, aquela sobre o valor de troca assumindo o lugar do valor de uso – como Prokop continuou apregoando nos anos 70 –, deixaram de ser atuais. Na época, perante tais máximas, o fundamental era apontar que mesmo a mera vinculação dos trabalhadores com o consumo material não era algo subtraído do movimento geral, e que também as exigências e lutas salariais eram momentos da dialética, ainda que parecesse importar nelas apenas o dinheiro e, por meio deste, as mercadorias e o seu consumo. Para isso usa-se o *tópos* frequente e intencionalmente mal interpretado da "fome de mercadoria", carregado de todos os significados possíveis e que eu hoje não introduziria mais. Ele deveria fazer uma provocação, e o fez. Ele deveria explicitar à interpretação crítica deste ou daquele fenômeno "enquanto mercadoria" o fato de que a relação com as mercadorias não poderia simplesmente se opor enquanto alternativa à formação de consciência de classe, e que, ao contrário, a força propulsora da luta de classes está contida *in nuce* na verdadeira relação dos trabalhadores com as mercadorias necessárias para se viver, e na relação que tiveram de estabelecer com o capital, para terem acesso a essas mercadorias por meio dos salários. Nessas formas, o contrário recomeça a se afirmar; portanto, elas não devem ser concebidas de maneira não dialética como algo trivialmente oposto a ele. Rainer Paris[15] reinterpretou a categoria da "fome de mercadoria", buscando um conceito para necessidades "neuroticamente" falsas, ou seja, para uma patologia subjetiva gerada pelo processo de valorização do capital e a ele correspondente: "A fome de mercadoria é apenas o correlato psíquico do impulso de valorização do capital: a sua fome canina por mais-

206 WOLFGANG FRITZ HAUG

-valia exige da esfera de circulação a disponibilidade da fome de mercadoria, a fim de assegurar continuamente a realização do capital-mercadoria produtor. De acordo com a sua função objetiva, a fome de mercadoria coincide com a determinação econômica funcional da estética da mercadoria". A fome de mercadoria torna-se, então, categoria para a estética objetiva da mercadoria, isto é, para a sensualidade, desde que relacionada a mercadorias. É discutível se uma tal constatação unilateral de um "correlato psíquico" seja algo sensato. Seria evidente que ela se torna problemática e completamente desorientadora quando esquecemos que ela poderia apenas designar um momento em um contexto funcional. Michael Schneider involuntariamente demonstrou com a sua categoria do "caráter coercitivo da estética da mercadoria" – e fundamentalmente, de conceitos econômicos para o psíquico e de conceitos psíquicos para o econômico – utilizando muito material e muitas citações interessantes, o quão amplamente a formação conceitual pode sair fora de controle, num tal isolamento dos momentos fora de seu verdadeiro contexto funcional.[16] Desse modo não é possível de fato nem refundamentar a psicanálise, nem estabelecer uma estratégia política. Em Paris, as categorias parecem mais próximas do contexto econômico, mas a sua reinterpretação do conceito "fome de mercadoria" me parece discutível. Torna-se um equívoco, porém quando ele atribui o significado, dado por ele ao conceito, à minha utilização deste, ao escrever: "O verdadeiro foco político da análise de Haug da estética da mercadoria é o conceito da *fome de mercadoria*". Na realidade, este é no máximo um dos pontos que deve ter feito certos "teóricos críticos" sentirem-se provocados. Eles provaram em muitas tonalidades que desde então o valor de troca fora consumido pela forma-mercadoria dos produtos, logrando êxito ao fazer de todos os trabalhadores "fetichistas de mercadorias", de modo a minimizar a oposição de classes, orientando os trabalhadores para o consumo material, integrando-os definitivamente, tornando a sociedade "unidimensional", graças à "satisfação repressiva" da necessidade, e fazendo, por conseguinte, a dialética pender etc. etc. Se caricaturo aqui esses teoremas, como se fossem um amontoado de ideias, não é por mal, mas para esboçar um clima espiritual em razão do qual escrevi o seguinte trecho da *Crítica da estética da mercadoria* (p.53):

> O poder da propaganda de mercadorias não resulta da manipulação, no sentido de meras fantasmagorias publicitárias e estimulação apenas. Ele

tem o seu núcleo real nos valores de uso das mercadorias e em sua acessibilidade geral. As massas não conseguiriam manter qualquer consciência de classe contra as suas próprias necessidades e a sua respectiva satisfação. Sem o núcleo complicador da propaganda, as mercadorias seriam percebidas na esfera de circulação como escárnio evidente. Do mesmo modo, a fome de mercadoria se concretiza como exigência de salário na esfera da produção, enquanto núcleo complicador, no qual se forma a consciência de classe. A negação total do mundo das mercadorias ... não é capaz de descrever tal princípio...

Paris identifica equivocadamente nessa citação "a limitação das perspectivas estratégicas à questão salarial". Sobre a "limitação" nenhuma palavra. Ao contrário, é preciso compreender que das lutas salariais resultou historicamente um processo de formação de consciência de classe e da organização operária que ultrapassa bastante o ponto de partida. Seria melhor se eu tivesse falado mais claramente. Em contraposição a uma ortodoxia abstrata-radical, como defende Detlef Michel, por lentidão mental, Paris vê também a necessidade de reagir contra a estética da mercadoria, enquanto propaganda eficaz do lado das organizações operárias.[17] "Incontestavelmente, a consciência de classe dos trabalhadores tem de 'perceber' essa aparência enquanto propaganda, sendo, portanto, um ponto de referência agitador; ou então a máxima de que a consciência de classe teve de se formar através 'desta aparência'." Eu, por outro lado, não toco nesse assunto... de que a consciência de classe se forma através da aparência; ao contrário, falo de exigências salariais que levam a lutas salariais, enquanto forma elementar da luta de classes econômicas, o que com certeza não é nenhuma aparência. Para a edição sueca, como para as futuras reedições, alterei levemente o trecho acima citado. Acerca das exigências salariais, afirmo agora: elas são o núcleo complicador, no qual a consciência de classe *começa a se formar*; segue-se um comentário esclarecedor:

> Essa tese – do lado da esquerda radical com demasiada solicitude – foi mal entendida, enquanto vinculação da necessidade de mercadorias a ela, e da consciência de classe à consciência daqueles que lutaram por aumento salarial. A minha formulação torna-se compreensível se considerarmos que originalmente ela se referia ao movimento estudantil da Alemanha Ocidental, no qual predominava o preconceito aparentemente radical de que a combinação entre manipulação e consumo material teria definitivamente integrado e politicamente castrado a classe operária. Seria importante destacar aqui que a dialética do movimento histórico continua

atuando também através das formas imediatamente contrárias a ela. Aqueles que querem repentinamente tudo "diferente" e que farejam o "revisionismo" a cada intermediação concreta – ou seja, os puristas abstratos – são insistentemente provocados por tais destaques. E já que geralmente se aprende por oposição, tomo essa excitação como indício de que a minha argumentação não ficou sem efeito.

Nesse ponto interrompo a discussão e deixo a continuação para o leitor, caso ele tenha sentido que um ou outro ponto dela tenha lhe tocado. Uma crítica apenas deveria ser novamente aceita porque ela ameaça perigosamente saltar à vista e deixar cego, no tocante à situação política atual nos países capitalistas industrializados e a toda uma dimensão de tarefas políticas, aquele que a faz. Refiro-me à simplória imputação de Rothe, de que eu supus "descobrir no cumprimento aparente da oferta capitalista de mercadorias" – não sou o culpado por esta formulação! – "um motor para revolucionar os consumidores". Vamos deixá-lo dizendo sua opinião! Contudo, se ele continuar fazendo imputações, dizendo que eu "espero por uma ampla aliança de massas de consumidores de classes não específicas", fica evidente a total falta de entendimento de um elemento decisivo da consolidação da democracia parlamentarista burguesa. Pois essa esperança a mim imputada seria tão ilusória como é tolo não ver que o capitalismo atual estabilizou-se "democraticamente" na esfera política sobre, nada mais, nada menos, que uma tal massa básica composta por "classes não específicas". Se ele ficasse limitado somente às forças "burguesas", em um estrato qualquer, a estabilização há muito teria fracassado. O cidadão "sustentáculo passivo do Estado" é aquele cujos interesses conscientes privatizaram-se inteira ou amplamente, recolhendo-se ou retraindo-se na esfera do consumo; o consumidor apolítico é aquele ao qual uma organização camuflada da grande indústria dirigiu-se em épocas eleitorais sugerindo que, no caso de uma vitória do SPD (Partido Social-democrata Alemão), ele teria de começar a pensar em frequentar no futuro as reuniões noturnas de funcionários, em vez de ficar tomando a sua cerveja tranquilamente. Na massa burguesa básica dos despolitizados, os interesses e a oposição de interesses estão consideravelmente latentes. A *Crítica da estética da mercadoria* pode dar uma contribuição parcial para o nosso autoconhecimento social, na medida em que abre os olhos para o teor social de toda uma dimensão daquilo que o interesse dos apolíticos absorve tão insistentemente.

CRÍTICA DA ESTÉTICA DA MERCADORIA   209

Notas

1 Para a discussão dessa e de outras questões, cf. os ensaios em: *Estética da mercadoria. Contribuições para a discussão, aprimoramento e intermediação de sua crítica*, Frankfurt, 1975.

2 Comissão Central da Economia Publicitária, *Opinião pública – Dados pessoais –* Livros novos, Bonn-Bad Godesberg, 1972, v.2.

3 *Estética da mercadoria, sexualidade e dominação. Ensaios reunidos*, Frankfurt: Fischertaschenbücherei, 1972.

4 T. Rexroth, *Estética da mercadoria – produtos e produtores. Sobre a crítica de uma teoria de W. F. Haug*, Kronberg, 1974.

5 *Frankfurter Allgemeine Zeitung*, 15.2.1975. Enquanto na indústria de vestuário da Alemanha Ocidental um total de 60 a 70 empresas foram à ruína, levando ao desemprego mais de 15 mil empregados, houve, por sua vez, "uma ascensão nos últimos meses de 1974 ... mediante os impulsos oriundos da moda...", mesmo com quedas na produção de 2,8% a 9,1%. Alguns dias depois, o *FAZ* informou sobre a indústria de artigos de couro: "O setor é considerado aliado ... de outros da moda" (19.2.1975). No tocante ao conteúdo, isso significa, por exemplo, a seguinte inovação estética: "Bolsas da moda são oferecidas, sobretudo em formatos transversais ... com contornos suaves e arredondados. Elas se distinguem claramente do retângulo anguloso, a característica típica dos modelos antigos" – que desse modo tornam-se esteticamente velhas. No mesmo dia, o *FAZ* informou, em editorial, que no ramo de artigos esportivos para esqui "todos os acessórios produzidos há mais de 24 meses já estavam sendo classificados como 'completamente velhos'..." (19.2.1975, p.1). Notícias semelhantes surgem de todos os *fronts* de bens de consumo. Evidentemente, a crise econômica acelera este processo. O resultado foi recentemente resumido por um "pesquisador de mercado" perante o Clube de Marketing Reno-Meno da seguinte maneira: "'Produtos, vocês querem viver para sempre?', perguntou o psicólogo Wolfgang Wiencke ... Ele próprio respondeu em seguida: 'Não!' Se no ciclo de vida de um produto ou um grupo de produtos alcançou-se a fase de saturação depois de passar pelas fases de iniciação, crescimento e maturação, começando assim o declínio, é melhor então introduzir neste ponto um novo ciclo de vida ... Advertir aos empresários ... para não se agarrarem aos produtos ... que antes de zarparem já se encontram na zona de prejuízos, fundamenta-se nos conhecimentos adquiridos na pesquisa de mercado. Segundo ela, o tempo de vida dos produtos decresce cada vez mais, do cigarro ao automóvel. Dos produtos atuais, 80% deverão desaparecer do mercado em dez anos" (*Blick durch die Wirtschaft*, 4.5.1974: "A diminuição do tempo de vida dos produtos"). Chamar essa previsão de um "resultado de pesquisa" não é uma *gag* publicitária, mas refere-se ao caráter natural e atuante desse processo para o capital individual enquanto "lei coercitiva externa".

6 *Süddeutsche Zeitung*, 12.10.1972.

7 *Curso de introdução a O Capital*, Colônia: Paht Rugenstein, 1974 (2.ed. rev., 1976).

8 Todas as questões relativas ao método aqui aludidas são pormenorizadamente abordadas no *Curso*, op. cit.

WOLFGANG FRITZ HAUG

9 Michael Buselmeier (Org.), *A consciência feliz*, Neuwied, 1974, p.228, nota 5.
10 Cf. Bertolt Brecht, *Arbeitsjournal* [*Diário de trabalho*], registro de 9.9.1943; além disso há o editorial para *Argument*, v.81, n.XV, p.556, 1973.
11 *Kritik der Warenästheti*, p.69, nota 10.
12 Friedrich Rothe, O segredo da estética da mercadoria. *Ciência materialista 2. Da ciência crítica para a materialista-histórica*. Berlim, 1971, p.40-2.
13 Detlef Michel, Teorias de manipulação e hostilidade das massas, *Arte e Sociedade*, n.18/19, p.168.
14 Cf. Theodor W. Adorno, Tentativa de entender o jogo final, em: *Notas sobre literatura II*, Frankfurt, 1961. Cf. também W. F. Haug, J. P. *Sartre e a construção do absurdo*, Frankfurt, 1966, p.26ss. (Uma edição revisada será publicada na primavera de 1976 com o título de *Crítica do absurdismo* na Editora Pahl-Rugenstein, Colônia.)
15 Cf. seu artigo em: *Estética da mercadoria. Contribuições para a discussão...*
16 Michael Schneider, *Neurose e luta de classes. Crítica materialista e tentativa de uma nova fundamentação emancipadora da psicanálise*, Reinbek, 1973; cf., por exemplo, p.292ss.
17 Detlef Michel, por sua vez: "Contra isso é preciso opor a análise marxista que não deixa dúvidas de que os custos de circulação de modo algum tangenciam o valor de uso. As particularidades que Haug atribui ao valor de uso não existem. O valor de uso de uma mercadoria que ingressa no consumo do trabalhador assalariado tem apenas a particularidade de satisfazer uma necessidade social, atuando assim como elemento da reprodução da força de trabalho. Tais víveres são necessários..." (Segue uma citação na qual Marx corrobora o seu conceito de valor de uso econômico não valorável.) Evidentemente, neste caso, os custos tangenciam o valor de uso de uma argumentação que se degenera num estardalhaço vulgar.

SOBRE O LIVRO

Coleção: Biblioteca Básica
Formato: 14 x 21 cm
Mancha: 25 x 44 paicas
Tipologia: Goudy Old Style 11/13
Papel: Pólen 80 g/m² (miolo)
Cartão Supremo 250 g/m² (capa)
1ª edição: 1997

EQUIPE DE REALIZAÇÃO

Produção Gráfica
Edson Francisco dos Santos (Assistente)

Edição de Texto
Fábio Gonçalves (Assistente Editorial)
Ingrid Basílio (Preparação de Original)
Patrícia Maria Silva de Assis e
Luicy Caetano de Oliveira (Revisão)
Oitava Rima Prod. Editorial (Atualização Ortográfica)

Editoração Eletrônica
Oitava Rima Prod. Editorial

Projeto Visual
Lourdes Guacira da Silva Simonelli

Impressão e acabamento